JN074413

基礎からわかる
「ビジネスと人権」の法務

福原あゆみ 著
FUKUHARA Ayumi

中央経済社

は じ め に

　「ビジネスと人権」に対する関心は，ロシアのウクライナ侵攻，中国の新疆ウイグル自治区やミャンマーを取り巻く問題，サプライチェーン管理の議論の中で，近年急速に高まっている。

　従来，日本における「人権」対応は，同和問題や部落差別との関連で論じられ，あるいは企業のCSR（Corporate Social Responsibility）活動の一環として取り上げられることはあったものの，法務・コンプライアンス分野の問題としてはあまり意識されてこなかった側面が否定できない。

　もっとも，各国における現代奴隷法に始まる人権デュー・ディリジェンスの義務化等に関する法制化の議論や，欧米を中心とした人権侵害に対する積極的な制裁の動向を受けて，ESGのうちS（社会）に区分される「ビジネスと人権」の分野は，日本における企業法務にとってこれまで以上に重要な位置づけを持ちつつある。また，このような動きの中，筆者が委員として検討に関与した経済産業省の「サプライチェーンにおける人権尊重のためのガイドライン検討会」を経て，2022年9月，日本政府として，初めてのガイドラインである「責任あるサプライチェーン等における人権尊重のためのガイドライン」（「人権DDガイドライン」）が策定された。

　筆者は普段，危機管理やコンプライアンスをはじめとする企業法務に従事しているが，近年コンプライアンスの中でも「ビジネスと人権」に関連する，いわば「人権コンプライアンス」についての相談を受けることが増えている。中でも，企業からの声として，「ビジネスと人権」といっても範囲が広範すぎてどこから取り組めばよいかわかりづらい，人権デュー・ディリジェンスという言葉は聞いたことがあるがどのようにリスク評価したらよいかが見えづらい，サプライチェーンのリスク評価をどこまですればよいのかわからない，人権方針を作成したが具体的な取組みに移せていない，という声を多くいただいている。

そこで，「ビジネスと人権」について，ビジネスと人権に関する指導原則をはじめとする基礎的なところから解説するとともに，企業の法務・コンプライアンス，CSR担当者，実務家に向けて，人権デュー・ディリジェンスを含めた企業に求められる取組みについての考え方や，各国の法制度についてできるだけ具体的なイメージを持ってもらえるようにとの思いで，本書を執筆することとした。

また，本書では，いわゆる「人権コンプライアンス」がまだ新しい分野であり，多くの読者にとってなじみがないであろうことを踏まえ，できる限り実際の訴訟事例の紹介等を行い，それぞれの企業に関連する事案をイメージできるように試みた。

企業にとって人権コンプライアンスはコスト負担や訴訟リスクなどのネガティブな面だけではない。人権課題に取り組むことのプラスの効果としては，企業評価やブランドの保護・向上，高い倫理基準を有する企業を求める消費者の増加に伴い，企業の顧客基盤を保護・拡大すること，投資家の信頼性向上，人材維持や人材獲得への貢献などが挙げられる。日本は欧米諸国に対して「ビジネスと人権」に着目した取組みが遅れているといわれており，法制化についても今後の議論に委ねられているが，一方で企業にとっては人権コンプライアンスに積極的に取り組み，発信することでリスクの軽減のみならず企業イメージの向上につなげることができるともいえる。

本書が読者の皆様にとって，人権コンプライアンスに取り組む一助となれば幸いである。

なお，本書のうち意見にわたる部分は，あくまで筆者の個人的見解であり，筆者が所属する長島・大野・常松法律事務所の見解ではないことをあらかじめお断り申し上げる。

2023年３月

弁護士　福原　あゆみ

目　次

はじめに・Ⅰ

第1章　「ビジネスと人権」をめぐるグローバルの
　　　　潮流 ————————————————— 1

  1　なぜ今「ビジネスと人権」への取組みが求められるのか・2
　　⑴　企業のサプライチェーン上の人権デュー・ディリジェンスを求め
　　　るハードロー化の動き・2
　　⑵　人権侵害に対する規制強化の動き・4
　　⑶　コンダクトリスクへの取組みの必要性・5
　　⑷　新型コロナウイルス感染症による人権リスクの増加・6

  2　「人権」とは何か・7
　　⑴　人権の意義・7
　　⑵　人権侵害の態様・11

  3　人権リスクの要点・17
　　⑴　人権リスクの類型・17
　　⑵　人権リスクの特徴・19
　　⑶　日本における人権リスク・21
　　⑷　人権リスクと環境リスクの関連性・22
　　⑸　人権リスクと汚職リスクの関連性・25

  4　「人権リスク」の発現する場面・26
　　⑴　レピュテーションリスク・26
　　⑵　法令・訴訟リスク・28
　　⑶　財務リスク・ダイベストメント（投資撤退）等・31
　　⑷　オペレーショナルリスク等・33

5　人権に関する国際的なフレームワーク・34

(1)　世界人権宣言および国際人権規約・34

(2)　国連グローバル・コンパクト・35

(3)　ビジネスと人権に関する指導原則・35

(4)　ILO中核的労働基準・38

(5)　OECD多国籍企業行動指針・39

6　その他の国際的なフレームワーク・42

7　SDGsと人権・43

8　日本における人権への取組み・44

(1)　法令による保護・44

(2)　法令の執行状況・45

(3)　国別行動計画の公表・48

(4)　コーポレートガバナンス・コードの改訂・51

(5)　人権デュー・ディリジェンス・ガイドラインの策定・53

(6)　その他の動向・54

第2章　企業に求められる取組み ——————————— 57

1　概　　観・58

2　人権方針の策定・58

3　人権デュー・ディリジェンス・61

(1)　人権デュー・ディリジェンスとは何か・61

(2)　類型的な人権リスクの評価・64

(3)　人権リスクに関する優先順位の設定・69

(4)　高リスクの場合のより詳細なデュー・ディリジェンス・71

(5)　人権デュー・ディリジェンスの考慮事項・72

(6)　人権リスクに関する情報の収集・74

4　負の影響への対処・75

5　人権リスクの対応に関する情報開示・76

6　ステークホルダーとの対話（ステークホルダー・エンゲージメント）・78

7　追跡調査・79

8　グリーバンス・メカニズム（申告窓口）の整備・79

9　人権リスクに対する是正・救済・82

10　人権リスクとサプライヤー管理・83

　(1)　サプライヤー管理の意義・83

　(2)　調達の各段階でのサプライヤー管理・85

　(3)　調達方針・86

　(4)　サプライヤーの評価・選定・86

　(5)　契約条項・88

　(6)　サプライヤーに対するアンケート・92

　(7)　モニタリング・監査・93

11　業種別の人権リスク・95

　(1)　農林水産業・食品・96

　(2)　繊維製品（アパレル）・98

　(3)　資源・エネルギー・100

　(4)　建設・不動産・102

　(5)　ICT（通信サービス，電子機器）・103

　(6)　自　動　車・106

　(7)　運輸・物流・107

　(8)　医薬品・化学薬品・107

　(9)　金　　　融・109

12　AIと人権・113
　⑴　AIと人権リスク（AI倫理）・113
　⑵　AIに関する規律・115

13　広告・マーケティングと人権・116
　⑴　ダイバーシティ＆インクルージョン（D&I）・116
　⑵　虚偽または誤解を招く表示に関連する問題・119
　⑶　ターゲティング広告の問題点・119
　⑷　企業・マネジメントによるステートメント・120

14　人権リスクの特定・発現に関連した企業の留意事項・120
　⑴　人権リスクが特定・発現した場合に企業は取引関係から離脱すべきか・120
　⑵　人権リスクが構造的に存在する場合（構造的問題への対処）・123
　⑶　紛争地域における人権リスク・124
　⑷　人権侵害違反の主張がなされた場合の調査等・126

15　企業内で「ビジネスと人権」を根付かせるには・127
　⑴　「ビジネスと人権」の理解・127
　⑵　既存のコンプライアンスシステムの活用・128
　⑶　リスク感度を高める・128
　⑷　部門を横断した取組み・129
　⑸　適切なKPIの設定・129
　⑹　人権コンプライアンスの取組みによるメリット・130

第3章　人権デュー・ディリジェンスに関する主な法令 ——————— 131

1　概　　要・132

2　英国現代奴隷法・132

　　⑴　制定経緯・132

　　⑵　対象企業・133

　　⑶　企業の義務・133

　　⑷　不遵守に対する措置・137

　　⑸　改正に関する動向・138

3　オーストラリア現代奴隷法・139

　　⑴　制定経緯・139

　　⑵　対象企業・140

　　⑶　規制対象となる「現代奴隷制度」・140

　　⑷　企業の報告義務・141

　　⑸　報告内容・142

　　⑹　不遵守に対する措置・144

　　⑺　改正に関する動向・145

4　フランス企業注意義務法・145

　　⑴　制定経緯・145

　　⑵　適用対象・146

　　⑶　デュー・ディリジェンス計画の策定・実施義務等・146

　　⑷　デュー・ディリジェンスの実施範囲・147

　　⑸　不遵守に対する措置・147

　　⑹　民事責任等・148

　　⑺　関連訴訟・149

5　ドイツサプライチェーン・デュー・ディリジェンス法・149

　　⑴　制定経緯・149

　　⑵　適用対象・150

　　⑶　人権デュー・ディリジェンス実施義務等・150

　　⑷　企業の報告義務・153

　　⑸　不遵守の場合の措置・153

　　⑹　訴訟追行権限の付与・154

6　オランダ児童労働デュー・ディリジェンス法・154
　⑴　制定経緯・154
　⑵　適用対象・155
　⑶　対象となる「児童労働」・155
　⑷　企業の児童労働に関するデュー・ディリジェンスおよび報告義
　　　務・155
　⑸　罰　　則・156

7　米国カリフォルニア州サプライチェーン透明法・156
　⑴　制定経緯・156
　⑵　適用対象・156
　⑶　企業の義務・157
　⑷　不遵守に対する措置・158
　⑸　関連訴訟事例・158

8　EU・159
　⑴　企業持続可能性デュー・ディリジェンス指令案・159
　⑵　強制労働のリスクに関するガイダンス・169
　⑶　欧州グリーン・ディールに関連する規制・174

9　紛争鉱物等に関する規制・176
　⑴　米国ドッド・フランク法・176
　⑵　EU紛争鉱物規則・177

10　公共調達に関する規制・178
　⑴　米国調達規則・178
　⑵　EU公共調達指令・181

第4章　人権侵害に対する制裁 ——————————— 183

1　人権侵害に対する各国の制裁の概要と対抗措置・184

2　米　　国・185

　⑴　グローバル・マグニツキー人権問責法・185

　⑵　関税法における人権侵害製品の輸入規制・187

　⑶　ウイグル強制労働防止法・190

　⑷　新疆ウイグルサプライチェーンビジネス勧告・194

　⑸　ミャンマーの軍事政権と関わりのあるビジネスに携わる企業等に
　　係るリスクに関する勧告・198

　⑹　人権保護を目的とする輸出管理規制・199

3　英　　国・201

　⑴　制定経緯・201

　⑵　制裁対象・201

　⑶　制裁・規制内容・202

　⑷　制裁の発動・203

4　EU・203

　⑴　グローバル人権制裁制度・203

　⑵　強制労働により生産された製品のEU域内での流通を禁止する規則
　　案・206

　⑶　EU輸出規制・207

5　日　　本・207

　⑴　外　為　法・207

　⑵　日本版マグニツキー法に関する法整備の議論の状況等・208

第1章

「ビジネスと人権」をめぐる
グローバルの潮流

1 │ なぜ今「ビジネスと人権」への取組みが求められるのか

⑴ 企業のサプライチェーン上の人権デュー・ディリジェンスを求めるハードロー化の動き

　1990年代以降，特に先進国における経済活動の進展により，製品の原材料や安価な労働力を求めて新興国でビジネスが展開される一方，新興国においては人権に関する法令の保護や企業におけるガバナンスが十分でない場合があり，これらの相互作用により新興国における強制労働や児童労働が問題となる事例が多発した。その中で，特に世界的に大きな批判を浴びた事案が，ラナプラザ崩壊（ダッカ近郊ビル崩落）事故と呼ばれるものである（2013年4月，バングラデシュのサバール地区において，欧米の衣料品ブランドを対象とする複数の縫製工場が入居していた商業ビルが崩壊し，縫製工場の従業員多数を含む千人以上が死亡する大事故が発生した。同ビルは従前から違法増築を繰り返し，縫製工場の従業員が低賃金かつ劣悪な環境に置かれていたことが事故後に取り上げられ，世界的に大きな批判を受けた）。また，1990年代には，米国の大手スポーツ用品ブランドの製品を作る東南アジアの工場で児童労働等が明らかとなり，不買運動に発展した事案も大きな注目を集めた。

　このような流れの中で，従前国家の責務とされていた人権の保護や尊重につき企業が一部その責任を負うべきではないかという議論がなされるようになった。そして，2011年に企業における人権尊重の責務を国際的なフレームワークとして提言したのが後述するビジネスと人権に関する指導原則（「指導原則」）である（指導原則の内容については本章5⑶参照）。

　このような企業による人権の尊重については，これまで国内法に基づく労働者の権利保護等の文脈で問題とされる以外では，本章5で述べる国際人権規約（社会権規約・自由権規約），ILO中核的労働基準，OECD多国籍企業行動指針，ビジネスと人権に関する指導原則など，法的拘束力を持たないいわゆる「ソフトロー」（これに相対する概念として，法的拘束力を有する法令は「ハードロー」と呼ばれることがある）に基づいて遵守すべきものとして論じられるこ

とが多かった。

　もっとも，指導原則の制定後も，経済活動のグローバル化がさらに進展する中で，これらのソフトローでは十分な人権保護が図られていない，あるいはソフトローに基づく企業の取組みが進まないとの指摘がさまざまな場面でなされるようになった。そのような背景において，グローバルの潮流は，指導原則を含むソフトローから，徐々に，後述する各国法での現代奴隷法，人権デュー・ディリジェンスの義務化など指導原則の理念を法制度化する方向に進んだ。このような流れは，人権リスクに関するハードロー化の動きともいえ，ここ数年での注目すべき変化点である。

　このようなハードローは，当初は英国現代奴隷法（第3章2参照）やオーストラリア現代奴隷法（第3章3参照）など，企業に対して特定の人権リスクに関する開示を求める規制が主であったが，公表内容が形式化している等の批判も出る中で，フランス企業注意義務法（第3章4参照）やドイツサプライチェーン・デュー・ディリジェンス法（第3章5参照）のように企業に対して人権デュー・ディリジェンスの取組みを求める法令が制定される動きが形成されている。

　また，これらの法制化に伴い，日本企業も欧州企業の取引先として人権デュー・ディリジェンスの対象となる場合があるほか，取引先から契約条項や誓約書等において人権リスクへの対応を求められる場合が増えている[1]。また，取組みが不十分であると評価された場合には，取引を停止されるリスクがあるなど，日本企業も人権デュー・ディリジェンスから無関係ではいられなくなる。

　さらに，欧州の人権デュー・ディリジェンスに関する各国法は当該国で一定の売上高を有する企業を適用対象とする法令が多いことから，日本企業が同要件を満たす場合には，直接的に当該法令に基づき人権デュー・ディリジェンスの実施等が求められる場合もある。

　これらのグローバルな動きの概要を時系列にまとめると【図表1-1】のと

1　JETRO（独立行政法人日本貿易振興機構：Japan External Trade Organization）が2022年に実施した欧州進出企業の実態調査では，在欧企業の77.4%が取引先に人権に関する方針準拠を求めており，納品先企業から方針準拠を求められたことがある企業は40.4%であった（JETRO「2022年度海外進出日系企業実態調査　欧州編」（2022年12月23日））。

おりである。

【図表1－1】 グローバルな動きの概要

年	出 来 事
2011	国連ビジネスと人権に関する指導原則の採択 OECD多国籍企業行動指針の改訂
2015	英国現代奴隷法の制定
2017	フランス企業注意義務法の制定
2018	オーストラリア現代奴隷法の制定
2019	オランダ児童労働デュー・ディリジェンス法の制定
2020	日本の国別行動計画の公表
2021	ドイツサプライチェーン・デュー・ディリジェンス法の制定
2022	EUの企業持続可能性デュー・ディリジェンス指令案の公表
2022	日本の責任あるサプライチェーン等における人権尊重のためのガイドラインの策定

(2) 人権侵害に対する規制強化の動き

　近年，人権デュー・ディリジェンスに関する法規制と並んで，欧米を中心として，人権侵害に関与した組織や個人に対して資産凍結や入国禁止などの経済制裁を科し，あるいは人権侵害により生産された製品等について輸入規制を行う動きが広がっている。これらは，特定の国を対象とする制裁とは異なり，人権侵害に関与した組織や個人を対象として指定することで，第三者に対する抑止効果も含め，人権侵害行為の抑止を目指すものといえ，人権尊重を担保するための主要な枠組みのうちの1つとなっている。

　そして，このような動きにより，日本企業が直接に，または他の事業者を介して輸出する製品に強制労働により製造された部品等が含まれている場合に輸入が差し止められるリスクが生じるなど，サプライチェーンにおける人権侵害への対応が必要になる場面が増加している。

　また，国家の経済安全保障と企業における人権コンプライアンスは本来別の考え方であるが，安全保障上の措置と人権侵害を理由とする措置の双方を根拠とし，規制強化や制裁の積極的な発動がなされている動きも背景に存在する。

この点は，中国新疆ウイグル自治区における強制労働に対する欧米の制裁として顕在化しているほか，ロシアのウクライナ侵攻に関連しても，各国の資産凍結や輸出規制等の経済制裁がなされている。

　人権侵害に対する規制強化は通商政策としても顕れており，米国やEUでは，一般特恵関税制度（先進国が発展途上国を原産とする製品に非互恵的な特恵待遇（輸入関税をゼロまたは低くするなどの特別な措置）を提供することで，発展途上国の成長を促進することを目的とした制度）（GSP：Generalized System of Preferences）の認定にあたり人権尊重状況を考慮し，GSPの適用条件に強制労働や児童労働を禁止する条項を設定している。この一環として，EUは，2020年2月，カンボジアにおける組織的かつ重大な人権侵害を理由にGSPの適用を一部の品目について停止することを公表した。

　日本では現時点において人権侵害を直接的な根拠とした経済制裁を可能とする法令や上記のような通商上の規制は定められていないが，このように通商的な側面においても「ビジネスと人権」についての対応を求められる動きが高まっている。

(3)　コンダクトリスクへの取組みの必要性

　人権リスクに関するハードロー化の傾向については上記(1)で述べたとおりであるが，ハードロー化されていない場合でも，企業がコンプライアンスの一環として対処しなければならないリスク自体の範囲が広がっている点も指摘できる。いわゆる「コンダクトリスク」として説明されることもあるが，社会規範や商慣習に反する行為，顧客保護の観点に反する行為なども企業において管理すべきであるという考え方であり，日本取引所自主規制法人の「上場会社における不祥事予防のプリンシプル」や，金融庁「コンプライアンス・リスク管理に関する検査・監督の考え方と進め方（コンプライアンス・リスク管理基本方針）」および「コンプライアンス・リスク管理に関する傾向と課題」などでは企業が取り組むべきリスクとして挙げられている（次頁の【図表1－2】の下線は筆者により付記）。

　コンダクトリスクの考え方は，経済活動の発展の速度に法令整備が必ずしも追いつかないことなどを背景とするものであるが，コンダクトリスクの中でも，

【図表1－2】コンダクトリスク

上場会社における不祥事予防のプリンシプル［原則1］実を伴った実態把握
自社のコンプライアンスの状況を制度・実態の両面にわたり正確に把握する。明文の法令・ルールの遵守にとどまらず，取引先・顧客・従業員などステークホルダーへの誠実な対応や，広く社会規範を踏まえた業務運営の在り方にも着眼する。その際，社内慣習や業界慣行を無反省に所与のものとせず，また規範に対する社会的意識の変化にも鋭敏な感覚を持つ。これらの実態把握の仕組みを持続的かつ自律的に機能させる。

解説　1－2
コンプライアンスは，明文の法令・ルールの遵守だけに限定されるものではなく，取引先・顧客・従業員などステークホルダーへの誠実な対応を含むと理解すべきである。さらに，広く社会規範を意識し，健全な常識やビジネス倫理に照らして誠実に行動することまで広がりを持っているものである。こうした規範に対する社会的受け止め方は時代の流れに伴い変化する部分がある。社内で定着している慣習や業界慣行が，実は旧弊やマンネリズムに陥っていたり，変化する社会的意識と乖離したりしている可能性も意識しつつ，社内・社外の声を鋭敏に受け止めて点検を行うことが必要となる。

CSR（企業の社会的責任：Corporate Social Responsibility）やCSV（企業の事業を通じて社会的な課題を解決することから生まれる「社会価値」と「企業価値」を両立させようとするフレームワーク：Creating Shared Value）の概念が進展するとともに，消費者等の製品・サービスのサプライチェーンにおける人権尊重の意識も高まっている中で，人権リスクは，コンダクトリスクの中でも重要視すべき分野になっているといえる。

(4)　新型コロナウイルス感染症による人権リスクの増加

　2020年以降，新型コロナウイルス感染症（COVID－19）の影響により，企業が深刻な経済的打撃を受ける中で，世界的な失業率の上昇を招き，非正規労働者，移民労働者等の不安定な労働関係上の地位に置かれている労働者やサプライチェーンの上流の中小企業・新興国の労働者，民族的・宗教的少数派に属する人々等，脆弱な立場に置かれやすい者に対する人権リスクが高まっていることが指摘されている[2]。

　新型コロナウイルス感染症によるこのような人権リスクの増加を受けて，2020年6～7月に開催された第44回国連人権理事会でもパンデミック下における脆弱な立場にある者等への影響に鑑み，人権尊重のコミットメントを再確認する採択がなされている[3]。また，2021年2月には欧州評議会による声明でも，パンデミックからの回復にあたり，基本的自由，平等，無差別の原則を含むすべての人権の享受に及ぼす長期的な影響の可能性への留意，およびジェンダーや年齢，障害に配慮したアプローチ等，脆弱な立場に置かれた者を対象とした措置がとられるべきことについて触れられている[4]。

　2020年6月に開催された世界経済フォーラム（WEF：World Economic Forum）におけるテーマは「グレート・リセット」（経済システムや社会秩序を見直して刷新することを意味し，ダボス会議会長のクラウス・シュワブ氏（Klaus Schwab）が提唱したもの）であるが，Withコロナ／Afterコロナの時代において，持続可能な社会への流れは一層進んでいくことになると思われる。

　なお，上記とやや観点の異なる問題として，人権リスクにとどまらず，Withコロナ／Afterコロナにおいては，現地での往査・モニタリングが困難になることなどモニタリング機能が低下する傾向にあることから，一般的にもリスク管理が困難になる事情が存在しているといえる。したがって，人権リスクがモニタリング機能の低下によりブラックボックス化することに伴うリスクについても考慮する必要があり，この点については第2章10(7)もあわせて参照されたい。

2 ▐「人権」とは何か

(1)　人権の意義

　まず，企業にとって関連する「人権」，すなわち本章5で紹介する国際的な

2　COVID−19&BHR調査プロジェクト「新型コロナウイルス感染症拡大の人権への影響と企業活動における対応上の留意点（第1版）」（2020年4月27日）

3　国際連合 "Human Rights Council concludes forty-fourth regular session after adopting 23 resolutions"（2020年7月17日）

4　Council of EU "Council conclusions on a human-rights-based post-COVID-19 recovery"（2021年2月22日）

フレームワークや，第3章で紹介する各国法で観念される「人権」の範囲は，非常に広範である点に着目しなければならない。

　従来，日本で取り組まなければならない「人権」とされてきたのは，同和問題や部落差別，男女差別等の概念が中心となっていた。もっとも，「人権」とは，究極的には，すべての人が尊厳をもって扱われる権利がある，という概念であり，世界人権宣言（UDHR：Universal Declaration of Human Rights），および国際人権規約（社会権規約・自由権規約）といった国際人権章典や国際労働機関（ILO：International Labour Organization）の中核的労働基準（本章5⑷参照）に関わる，基本的自由・平等に関する権利（平等権，差別からの自由，表現の自由，社会保障を受ける権利，プライバシー権等）や労働に関する権利（強制労働の禁止，児童労働の実効的な廃止，結社の自由および団体交渉権，雇用および労働における差別の排除）を含む非常に幅広いものとされている。

　この点，法務省により公表されている「ビジネスと人権に関する調査研究」報告書（今企業に求められる「ビジネスと人権」への対応）では【図表1－3】の25の権利が人権ないし人権に対する侵害行為として挙げられている。

【図表1－3】「ビジネスと人権に関する調査研究」報告書における25の権利

①　賃金の不足・未払，生活賃金	使用者があらかじめ労働契約や就業規則で定められた賃金を，所定の支払日に支払わないこと 使用者が法律で定める最低賃金額にかかわらず，労働者とその家族が基本的ニーズを満たすために十分な賃金（生活賃金）の支払を行わないこと
②　過剰・不当な労働時間	週8時間×5日の労働時間に加え，36協定で定める時間外労働の上限（月45時間・年360時間）を超えて，臨時的な特別の事情なしに，労働させること。適切な休憩の取得を妨げること
③　労働安全衛生	労働に関係して負傷および疾病（人の身体，精神または認知状態への悪影響）が発生すること 快適な職場環境の実現と労働条件の改善を通じた労働者の安全と健康の確保が行われないこと
④　社会保障を受ける権利	傷病や失業，労働災害，退職などで生活が不安定になった時に，健やかで安心な生活を継続するために，健康保険や年金，社会福祉制度などの仕組みによる現金・現物等の給付に差別なくアクセスする権利が侵害されること

⑤ パワーハラスメント（パワハラ）	パワハラの3つの要件は，①優越的な関係を背景とした言動であって，②業務上必要かつ相当な範囲を超えたものであり，③労働者の就業環境が害されるもの／改正労働施策総合推進法30条の2 単発的か反復的なものであるかを問わず，身体的，精神的，性的または経済的害悪を与えることを目的とした，またはそのような結果を招くもしくはその可能性のある一定の許容できない行為および慣行またはその脅威
⑥ セクシュアルハラスメント（セクハラ）	職場において行われる，労働者の意に反する性的な言動に対する労働者の対応によりその労働者が労働条件について不利益を受けたり，性的な言動により就業環境が害されること
⑦ マタニティハラスメント(マタハラ)/パタニティハラスメント(パタハラ)	労働者の妊娠・出産や，育児のため勤務時間の制限，育児休業等の申出・取得に関して，職場において行われる上司・同僚からの言動により，当該労働者の就業環境が害されること
⑧ 介護ハラスメント（ケアハラスメント）	職場において，働きながら家族の介護を行う労働者に対して，介護に関する制度利用の妨害や，上司・同僚からの嫌がらせ等の言動により，当該労働者の就業環境が害されること
⑨ 強制的な労働	処罰の脅威によって強制され，また，自らが任意に申し出たものでないすべての労働により，自由意思で働き，自らの仕事を自由に選ぶという基本的人権を侵害されること
⑩ 居住移転の自由	本人の意思に反して居住地や移動を決定すること
⑪ 結社の自由	使用者が労働者の有する労働組合加入の自由決定権を侵害したり，使用者が従業員による結社の決定を妨げたりすること 労働者が労働組合に加入しない，または労働組合から脱退することを雇用条件としたり，組合員であるという理由や，労働時間外または使用者の同意を得て労働時間中に，組合活動に参加したという理由などで解雇されたり，その他の不利益な取扱いをされたりすること
⑫ 外国人労働者の権利	外国人であることを理由に賃金，労働時間その他の労働条件において差別的な扱いを受けること
⑬ 児童労働	法律で定められた就業最低年齢を下回る年齢の児童（就業最低年齢は原則15歳，健康・安全・道徳を損なうおそれのある労働については18歳）によって行われる労働
⑭ テクノロジー・AIに関する人権問題	インターネットやICT（情報通信技術）を利用したさまざまなサービス，AI（人工知能）など新しい技術の普及に伴い人々の名誉毀損・プライバシー侵害や差別等の人権問題が生じること
⑮ プライバシーの権利	私生活，家族，住居，または通信に対して恣意的，不当，または違法に干渉したり，私生活上の事実情報，非公知情報，一般人なら公開を望まない情報をみだりに公開したりすること 特に個人情報について，本人の了承を得ずに，取得，保管，公開または第三者への提供を行うこと

⑯ 消費者の安全と知る権利	消費者の心身の健康を害するような製品・サービスの提供，および製品表示等における不当表示や消費者の知る権利の侵害
⑰ 差別	人種，民族，性別，言語，宗教，政治的およびその他の意見，国籍または社会的出自，財産，出生，その他の状態（性的指向や健康状態，障害の有無）を含む，遂行すべき業務と何ら関係のない属性や雇用形態（正規・非正規）を理由に，特定個人を事実上，直接的または間接的に，従属的または不利な立場に置くこと
⑱ ジェンダー（性的マイノリティを含む）に関する人権問題	生物学的・社会・文化的な性別役割に基づいて，就職の機会や賃金，労働環境などの待遇において差別または不当な扱いを受けること LGBTなど，性的指向や性自認におけるマイノリティ当事者が，職場での日常的な差別や就職活動等で不利益を被ること
⑲ 表現の自由	外部から干渉されることなく意見を持ち，求め，受け取り，伝える権利を妨げること
⑳ 先住民族・地域住民の権利	企業活動により，先住民族や地域住民のあらゆる人権を侵害すること
㉑ 環境・気候変動に関する人権問題	企業が自らの事業活動において環境を破壊したり，大気・土壌の汚染や水質の汚濁を引き起こしたりするなどして，地域住民の「良い環境を享受し健康で快適な環境の保全を求める権利」を奪うこと 環境破壊や地球温暖化を加速させることが明らかな事業などに対し資金の提供を行うことを通じて，人権の侵害を助長すること
㉒ 知的財産権	個人や企業等に属する知的財産権（著作権や特許権等）を侵害すること
㉓ 賄賂・腐敗	企業が事業を行う中で，不正，違法，または背任に当たるような行為を引き出す誘因として，いずれかの人物との間で贈与，融資，謝礼，報酬その他の利益を供与または受領すること，または受託した権力を個人の利益のために用いること
㉔ サプライチェーン上の人権問題	企業のサプライチェーン上で人権侵害が発生すること
㉕ 救済へアクセスする権利	企業が人権への負の影響を引き起こした際に，被害者が効果的な救済を受けるための適切で実効的なプロセス（事業レベルの苦情処理メカニズム）へのアクセスが確保されないこと

　本書では，特に重大な人権侵害として各国法等で規制されている強制労働，児童労働等に関する記述が中心となるが，「人権」には上記のようにプライバ

シーの権利や表現の自由を含む幅広い権利が含まれる点に注意が必要である。

　また，環境に関連するものとして，先住民族・地域住民の権利，水・衛生へのアクセスなど，日本では精神的人格権として位置づけられる権利についても人権の一部として国際的に評価されている場合がある。気候変動についても，オランダの最高裁判所において，2019年12月，政府には気候変動に関する対策を講じる義務があり，適切な対策を講じなかったことが人権侵害であると判示されている（本章3(4)参照）。

　さらに，AI（第2章12参照）に関する人権など，技術発展やグローバルでの議論の進展に伴い，新たな人権が定義されているという意味で，人権の意義は時代に応じてアップデートされていく。すなわち，新しい技術の発展に伴い，その運用状況等により新たな人権リスク（例として，AIの生体認証によりプライバシーが侵害されるリスク）が生まれているといえる。

　これに加えて，ITとの関連では，技術の発展によりデジタル・デバイド（インターネット等のIT技術の恩恵を受けることのできる人とできない人の間に生じる経済格差）を生む可能性も指摘されている。

(2)　人権侵害の態様

　人権侵害のうち，特に本書において取り上げる主要な形態について以下で補足して解説する。なお，人権侵害の類型の中には，各国法で刑事罰として規制されているほか，集団殺害犯罪，人道に関する犯罪，および戦争犯罪等として国際犯罪を構成する場合がある。

①　強制労働
　日本も批准しているILOの強制労働に関する条約第29号（1930年6月28日採択。日本は1932年11月21日に批准）[5]等の定義によれば，「強制労働」は，暴力により労働させる場合に限定されず，何らかの処罰の脅威によって強制され，また，自らが任意に申し出たものではないすべての労働により，自由意思で働き，自らの仕事を自由に選ぶという基本的人権を侵害することを指すものとさ

5　これを補完する条約である「強制労働の廃止に関する条約」（第105号）について，日本は長らく批准していなかったが，2022年7月19日に批准している。

れている。

　ILOでは，強制労働の状況下で存在し得る主な要素として以下の11の指標を公表している[6]（なお，米国税関・国境警備局（CBP：United States Customs and Border Protection）による輸入禁止の措置についても同指標をもとに判断されている点について，第4章2⑵参照）。

- ・脆弱性の悪用（少数民族であることなど，労働者の弱い立場を利用して搾取すること等）
- ・詐欺（約束した労働条件を提供しないこと等）
- ・移動の制限（監視カメラや警備員により行動を管理されること等）
- ・隔離（携帯電話や通信手段の没収等）
- ・身体的・性的暴力（懲戒処分としての暴力を含む）
- ・脅迫・威嚇（暴力による脅迫のほか，移民当局に通報する旨脅迫することを含む）
- ・雇用者による身分証明書の保管（労働者の要求に応じて自身の身分証明書にアクセスできない場合等）
- ・賃金の保留（賃金を組織的かつ意図的に保留することにより賃金が雇用主を変更する機会を奪う場合等）
- ・債務による束縛（親族への融資と引き換えに子どもが労働を行う場合を含む）
- ・虐待的な労働・生活環境（プライバシーを欠く，過密で不健康な環境等）
- ・過度の超過勤務（法令を超える残業等）

　このように，強制労働の中には，労働者に不当な債務を負わせる場合を含む，いわゆる労働力の搾取を指すものとされていることに留意が必要である。たとえば，EUにおけるサプライチェーン等の強制労働のリスクに関するデュー・ディリジェンス・ガイダンス（第3章8⑵参照）では，以下の場合を強制労働の例示として挙げている。

- ・行政拘禁者，未決拘禁者，政治犯，労働組合活動や平和的集会を理由として拘禁されている者に強制労働を課す，国家が組織したプログラム

6　ILO "ILO indicators of Forced Labour"（2012年10月1日）

・人材紹介料の支払や人身売買に関連して，労働者が債務の返済のために労働せ
　ざるを得ない状況にあること
・強制栽培（Forced cropping）として，農民を自分の土地に縛りつけ，強制
　的に利権者に農産物を販売することを強要すること
・生産目的での「労働規律」に依拠すること（会社の規則に違反したり，生産ノ
　ルマを達成できなかったりした場合の制裁として，労働を義務づけること）
・武装勢力や準軍事的組織への児童の勧誘
・パスポートや身分証明書を取り上げたりして移動を困難にするなど，労働者が
　雇用主を変えることを制限したり，雇用主の許可なく受入国を離れることを許
　さないこと
・強制的な手段（例：脅迫や威力の行使）により労働者の移動を制限すること
・従業員を会社による雇用に拘束する手段として，賃金の不規則な支払や支払の
　遅延，先延ばし，または不払いを利用すること
・国内法や（該当する場合は）労働協約で認められている以上の時間外労働を，
　処罰の脅威により労働者に強要すること

　ILO，国際人権団体であるウォーク・フリー，および国際移住機関（IOM：
International Organization for Migration）は，2022年9月12日，強制労働と
強制結婚についての報告書「現代奴隷制の世界推計」（Global Estimates of
Modern Slavery：Forced Labour and Forced Marriage）を公表していると
ころ，当該報告書によれば，2021年時点において世界で推定2,800万人が強制
労働を課せられ，その数が2016年以降300万人増加したこと，強制労働に従事
する人の86％が民間部門に属しているのに対し，14％は国家による強制労働に
属していること，強制労働が課せられている女性と女児の数は1,180万人で，
そのうち330万人が子どもであること，移民労働者は非移民の労働者に比べ，
強制労働が課せられるリスクが3倍以上あることなどが記載されている。また，
このような強制労働の状況については，2022年9月15日に米国・日本・EUの
貿易大臣および労働大臣によって公表された三者共同声明においても指摘され
ている。
　さらに，米国労働省は強制労働により生産された製品のリストを定期的に更
新しているところ，2022年9月に公表されたリスト[7]では，強制労働が用いら
れた製品として取り上げられることが多いものとして，レンガ，衣料品，綿花，

金，サトウキビ，牛，魚類が挙げられている。

【中国新疆ウイグル自治区における強制労働等】
　近年，中国の新疆ウイグル自治区では，地方の慢性的な失業や貧困を改善するための「貧困軽減」プログラム等と称して，AIや顔認識技術を用いたウイグル族の監視や，ウイグル族等の少数民族の強制労働が行われていることが国際的な問題として指摘されている[8]。国連人権高等弁務官事務所（OHCHR）も2022年８月に，職業訓練の名目で新疆ウイグル自治区内の施設にウイグル族を収容するなどの深刻な人権侵害が起きているとの報告書を公表している[9]。
　上記米国労働省が公表したリストにおいて，新疆ウイグル自治区での強制労働が用いられた製品として取り上げられることが多いものとして，綿花，電化製品，靴製品，衣料品，手袋，毛製品，ポリシリコン，織物，糸，トマト製品が挙げられている。

---

② 児童労働

　児童労働とは，1973年採択の「就業が認められるための最低年齢に関する条約」（第138号）と1999年採択の「最悪の形態の児童労働の禁止及び撤廃のための即時の行動に関する条約」（第182号）等の国際条約をもとに，(i)15歳未満（途上国は14歳未満）の義務教育を受けるべき年齢の子どもが教育を受けずに働くこと，および(ii)18歳未満の子どもによる危険有害労働などへの従事を指すと一般的に定義されている。

　ILOとUNICEFが共同で作成し2021年６月に公表した報告書[10]中の統計では，2020年時点において，世界の子どもの約10人に１人に当たる約１億6,000万人もの子どもが児童労働に従事しているとされている。また，同報告書では，危険な仕事に就いている５歳から17歳の子どもの数が2016年から約650万人増加

7　2022 List of Goods Produced by Child Labor or Forced Labor
8　米国政府による新疆ウイグルサプライチェーンビジネス勧告，ウイグル強制労働防止法戦略等。
9　OHCHR Assessment of human rights concerns in the Xinjiang Uyghur Autonomous Region, People's Republic of China
10　ILOおよびUNICEF "Child Labour：Global estimates 2020, trends and the road forward"（2021年６月10日）

し，約7,900万人に達していること[11]，また新型コロナウイルスの影響により，児童労働に従事する子どもが増えるとの懸念が示されている。

　2022年9月に公表された米国労働省によるリストでは，児童労働が用いられた製品として取り上げられることが多いものとして，金，レンガ，サトウキビ，コーヒー，たばこ，綿花，牛，米，魚，衣料品，ココア，ポルノグラフィが挙げられている。

　また，3TG（スズ，タンタル，タングステン，金）に代表される鉱物資源の採掘の過程については，鉱山での児童労働および武装勢力の資金源となることの問題などが長年指摘されてきたが，同リストでは，電気自動車の普及に伴うコバルトの需要増に伴いコバルトの採掘過程における児童労働リスクの増加が指摘されるなど，技術の発展に伴う新たな問題についても指摘されている[12]。

③　人身取引

　人身取引とは，搾取を目的として，暴力その他の強制力による脅迫や欺罔，他の者を支配下に置く者の同意を得る目的で行われる金銭や利益の授受の手段を用いて，人の取引（獲得，輸送，引渡し，蔵匿，または収受）を行うことをいい，被害者が搾取について同意していたかどうかを問わない。「搾取」には，少なくとも，性的搾取，強制労働，奴隷化，隷属または臓器の摘出が含まれる。

　上記の定義については，人身取引の防止等を目的として2000年11月にニューヨークで採択された，国際的な組織犯罪の防止に関する国際連合条約を補足する人（特に女性及び児童）の取引を防止し，抑止し及び処罰するための議定書（国際組織犯罪防止条約人身取引議定書）[13]で示されている。

　この点に関連して，米国国務省は，各国の人身売買に関する状況等を記載する人身取引報告書（Trafficking in Persons Report）を年次で公表しており，国ごとの人権リスク（カントリー・リスク）を検討するにあたり参考となる。

11　なお，同報告書中では，サハラ以南のアフリカが児童労働に従事する子どもの数が最も多い地域とされている。
12　前掲注7と同じ。
13　日本では，2005年に国会により承認され，2017年7月に公布および告示されている。

④　現代奴隷

　第3章で詳述するとおり，人権保護に関する個別法令の中では「現代奴隷」の対処を目的とする法令が複数存在する。これらの法令中で想定される現代奴隷とは，強制，脅迫，欺罔を用いて被害者を搾取し，自由を奪取することを指すものであり（その点で，上記①～③との重なり合いが通常存在すると考えられる），上述した統計（強制労働と強制結婚についての報告書「現代奴隷制の世界推計」）によれば，2016年時点において世界全体で4,000万人以上が現代奴隷の被害者であるとされている[14]。

⑤　先住民の権利の侵害

　先住民の権利については，2007年9月に国連総会で「先住民族の権利に関する国際連合宣言」が採択されており，先住民族の文化，アイデンティティ，言語，労働，健康，教育等に関する基本的人権が確認されている。

　先住民との関連では，これまで土地や資源の開発の過程において，上記の基本的人権が十分に尊重されずに開発が進められ，これまで居住していた土地を追われる，あるいは土地の収受にあたり十分な補償がなされないなどの問題がたびたび発生していた。これを受けて，先住民の権利に関する国際連合宣言では，土地開発等の場合において，「先住民族は，自らの土地または領域から強制的に移動させられない。関係する先住民族の自由で事前の情報に基づく合意なしに，また正当で公正な補償に関する合意，そして可能な場合は，帰還の選択肢のある合意の後でなければ，いかなる転住も行われない」と明記されている（10条）ところ，当該合意はFPIC（Free, Prior and Informed Consent）と呼ばれ，資源の開発，利用，採取などに際しても求められる。また，このような土地開発等の場合において水資源が汚染され，地域住民が清潔な飲料水を入手することが困難となるリスクも存在し得る。

　なお，新興国においては土地の収受に関する規制が十分でない場合もあり，合法的に土地が収受された場合であっても，先住民に対する十分な補償がなされていないなど人権保障が適切になされていない場合があり得ることから，現

14　"Global Estimates of Modern Slavery：Forced Labour and Forced Marriage"（2017年9月19日）

地法の遵守のみでは，このような国際規範に照らして先住民の権利保障が十分でないと判断される場合がある点に留意が必要である。

3 ▌人権リスクの要点

(1)　人権リスクの類型

　そもそも，すべての企業は，その事業活動を通じてステークホルダーに対して直接的または間接的に負の影響を生じさせるリスクがあり，本書ではこれを「人権リスク」と呼ぶ。ここでいうステークホルダーは，企業活動により影響を受けるかその可能性のある利害を持つ個人または集団を指し，従業員（正社員，契約社員，派遣社員，アルバイト・パートを含む），取引先，顧客，投資家または株主，消費者，地域住民などが含まれる。

　人権リスクは企業の製品またはサービス自体がそのような負の影響と関連性を有する場合もあるが，企業が置かれている状況（対象地域の状況，取引先の状況等）によって負の影響を生じさせ，あるいは増加させる場合がある点に留意が必要である。また，企業の製品やサービスが，企業が意図しない態様で人権侵害等に用いられ，負の影響が生じる場合も存在する（例：企業が製造・販売する顔認証サービスが少数民族を特定し差別するために使用される）。このように，企業が人権リスクを問題にされる場合としては，企業が直接人権侵害を引き起こす行為に限らず，以下のように間接的に企業が人権侵害に関与する場合も含まれる[15]。

・企業が人権リスクを引き起こす（cause）行為
・企業が人権リスクを助長する（contribute）行為
・企業の取引関係により，企業の事業，製品，サービスが人権リスクと直接結びつく（directly linked）場合

---

[15]　国際連合 "The Corporate Responsibility to Respect Human Rights：An Interpretive Guide"（2012年12月2日）

【図表1－4】 間接的に企業が人権侵害に関与する場合

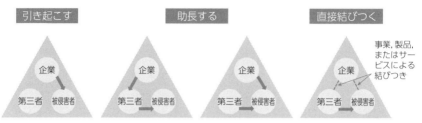

〈出典〉The Corporate Responsibility to Respect Human Rights：An Interpretive Guideに基づいて筆者一部修正

　国際連合人権高等弁務官事務所（OHCHR：Office of the United Nations High Commissioner for Human Rights）が作成した「人権尊重についての企業の責任―解釈の手引き―」において，各人権侵害の関与形態について例示されている事案の一部は以下のとおりである（ボックス2参照）。

【企業が人権リスクを引き起こしたとして責任を問われる行為の例】
・レストランによる顧客対応における日常的な人種差別。
・工場作業員が適切な安全装備なしで危険な労働環境にさらされる。
・生産工程からの化学物質の流出が地域の飲料水の唯一または主な汚染源となる。
【人権への負の影響を助長しているとして責任を問われる企業の例】
・インターネットサービス利用者に関するデータを政府に提供し，政府がそのデータを人権に反して政治的反体制者の追跡および起訴のために使用する。
・収容者の非人道的な扱いが疑われる収容所の建設および保守を実行する。
・下請業者に対して，実現可能な時間より短いリードタイムを設定する。
・製造期限や価格を調整することなく，土壇場でサプライヤーに対して製品要件を変更し，それにより，納品に間に合わせるためサプライヤーに労働基準違反を余儀なくさせる。
【企業自身が助長したものではないが，取引関係によって，企業の事業，製品またはサービスに直接に結びつく負の影響の例】
・事業活動のためにある企業への貸付を行ったが，その企業が合意された基準に違反し，地域住民を立ち退かせる。
・小売業者の衣料品の刺繍が，契約義務に反して，サプライヤーから家庭での児童労働者に再委託される。
・医療機関が，男児を優先するために中絶を勧めようとして，女の胎児を映し出すためにスキャンを使用する。

(2)　人権リスクの特徴

　企業がリスクマネジメントの対象とするべきリスクの種類は多岐にわたるが，これらのリスクの中で位置づけられる人権リスクの特徴として，以下のものが挙げられる。

①　国をまたいだ法規範が問題となること

　企業活動の中で存在する人権リスクは，自社の事業のみならず，取引先等のサプライチェーンにおいても発生する。「サプライチェーン」とは，自社の製品・サービスの原材料や資源，設備やソフトウェアの調達・確保等に関係する「上流」と自社の製品・サービスの販売・消費・廃棄等に関係する「下流」を意味する[16]ところ，サプライチェーンは複数の国にまたがって存在することが多く，自社の所在する国の法令を満たしたことのみをもって人権リスクに対処できていると評価することが困難であるという特徴（および難しさ）がある。これは，さらに細分化すると，人権を尊重すべき対象の問題と，法規範の範囲の問題に分けられる。

　人権を尊重すべき対象の問題としては，人権リスクに対応できているかを検討すべき対象が自社だけでなくサプライチェーンまで含まれるということである。従来，自社の工場における労働環境等については，自国の労働法規の遵守等の観点から一定の対応がなされていた企業が多いと思われるが，自社の取引先（または，さらにその取引先）が人権侵害を行い，あるいは，自社製品が人権侵害を行うような態様で用いられている場合も問題とされ得るということである。

　また，法規範との関係では，企業活動において，特に，第3章で述べるような欧州各国の法令の中では人権リスクの取組みについて日本よりも厳しい基準を定めるものが多く見られるが，これらの欧州法準拠の企業と取引を行う場合，日本企業としても契約等において同程度の人権リスクへの対応が求められる場

16　これに対してEU企業持続可能性デュー・ディリジェンス指令案では，バリューチェーンという用語が用いられているが，いずれもいわゆる「上流」工程および「下流」工程の双方を含む概念であり，実務上大きな差異を設けず用いられている。

合が実務上見られる。

　これとは別の問題として，サプライチェーンの中に位置づけられる国の中には自国の「法の支配」や法整備が不十分な場合があり（ガバナンス・ギャップと呼ばれることがある），現地の国内法を遵守したのみでは人権に対する配慮が十分とはいいがたい場合がある（例：カンボジアにおいて，カンボジア法上は適法に収容された土地に工場を建設したが，当該収容に伴い住民が強制移住させられていた）。また，国内で労働法が整備されていても，一部のカテゴリーに属する集団（たとえば女性や移民労働者など）に関する権利が十分に保護されていない場合もある。

　そのため，現地の法令が遵守されているかという視点ももちろん必要であるが，これに加えて，ソフトローである指導原則等の観点から人権リスクを検討しなければ，人権保護が十分に図られたと評価されない場合があることに留意が必要である。

　このように目を向けるべき規範が自国の国内法に限られない上，指導原則など国際的に認められる権利として遵守が期待されるという意味でいわゆるグレーゾーンが存在することが人権リスクの特徴ともいえる。

②　人権リスクは企業ではなく被侵害者の立場から評価すべきであること

　人権リスクを考えるにあたって非常に重要な点として，人権リスクは企業側から見たリスクではなく，被侵害者にとってのリスクであるということが挙げられる。企業の側から見ると，通常のリスク評価は，リスクが発現した場合の企業に対する損害の程度と頻度の相関関係で判断することが多いが，人権リスクについては，強制労働の被害者等，被侵害者から見たリスクの大きさ（生命への危険の程度等）を基準として考えるべきであるとされている[17]。

　この点については，人権デュー・ディリジェンスにおけるリスクの優先度の考え方（第2章3(3)参照）や人権リスクが発現した場合に企業がとるべき対応

17　指導原則の解釈の手引き問37においても「人権リスクを，人権への負の影響を防止または軽減するために企業に生じる費用と，その損害の補償のために企業が負う費用とを天秤にかけるような，単純な費用効果分析の対象とすることはできない」とされている。

（第2章14(1)参照）とも関わってくるため留意しておく必要がある。

③　人権リスクが急激に変化する場合があること

リスクマネジメント全般にいえることではあるが，人権リスクの有無や程度は企業活動の変化（新製品の導入，新規プロジェクトへの参入，新しい事業領域の展開や，従来の製品・プロジェクト・事業領域等の変更等）や，サプライヤーの所在する地域における紛争の発生，政府による規制枠組みや政治情勢の変化等によって移り変わる可能性がある。そのため，企業としては一度リスク分析をしたのみでは不十分であり，第2章3で述べる人権デュー・ディリジェンスの枠組みを通じて継続的に随時リスク分析を行う必要がある。

特に，人権リスク評価を行うにあたっては，経済状況や外部事情により，急激な変化が生じる場合が往々にして存在する。たとえば，新型コロナウイルスの急速な蔓延によりハンドサニタイザーの需要が急激に増加し，原料となるアルコールのさらに原料となるサトウキビの需要が逼迫したことから，サトウキビの生産国であるブラジル等の国々において児童労働や強制労働のリスクが増加したといわれている[18]。

企業としては，自社を取り巻く経済状況や製品の需給の動向が人権リスクに影響を与える可能性についても留意する必要がある。また，このようなリスクの変化を認識するためには，人権リスクに関するNGO等の指摘の状況等にも目を向けておく必要がある。

(3)　日本における人権リスク

日本におけるサプライチェーンの特徴としては，伝統的に製造工程に重層的な下請構造が存在し，サプライチェーンが多層化していることや，東南アジアに製造拠点を設ける企業が多く，東南アジア諸国がサプライチェーンの中に含まれやすい点が指摘できる。

また，世界から見た日本における人権リスクとして頻繁に指摘を受けているのが，外国人技能実習生の問題である。日本では，技能実習生の保護を図る目

18　ヴィクトリア・ガマ（Victoria Gama）"Demand for hand sanitiser fuelling human rights risks in supply chains"（2020年9月16日）

的で，2017年，外国人の技能実習の適正な実施及び技能実習生の保護に関する法律（技能実習法）が施行された（本章8⑵③参照）が，同法施行後も技能実習生の保護が十分に図られておらず，同法の捜査，起訴の執行件数が不十分であることなどが国際的に批判を受けている。米国国務省が年次で公表している人身取引報告書でも，このような技能実習生の問題等を理由として，日本の人身取引の取組みに関する国別のランクがTier1（最も進展している）からTier2に格下げされており，2022年7月に公表された人身取引報告書でも，この点の問題が改善されていないことが引き続き指摘されている。

　また，外国人技能実習機構が監査を行い，管理団体の許可を取り消した事例においても，外国の送出機関[19]との間で，技能実習に係る契約の不履行について違約金を定めるなど不適切な条項を盛り込んだ合意がなされていることや，技能実習生の旅券等を保管し，外出その他の私生活の自由を不当に制限した事例等が含まれており，引き続き問題が現存していることが認められる（なお，外国人技能実習生は，農業，漁業，建設，食品製造，繊維・衣服，機械・金属，介護，宿泊等の職種において認められているが，これら以外の業種でも外国人留学生が事実上の不法就労を行うなど労働環境の問題が存在することも指摘されている）。

　企業としては，自社の事業およびサプライチェーンに技能実習生が存在している場合，上記のような経緯により，特に技能実習生の人権リスクについて注目されていることを踏まえたリスク評価・対応を行う必要がある。

⑷　人権リスクと環境リスクの関連性

　人権リスクと環境リスクは，重なり合ってリスクが発現していると考えられる場合も多く，密接に関連するものである。そのため，第3章8で詳述するEU企業持続可能性デュー・ディリジェンス指令案のほか複数のデュー・ディリジェンスに関連する法令において人権リスクと環境リスクとをあわせてデュー・ディリジェンス等の取組みが求められることがあり，後述するコーポ

19　技能実習生が国籍または住所を有する国または地域の所属機関や団体監理型技能実習生になろうとする者からの団体監理型技能実習に係る求職の申込みを日本の監理団体に取り次ぐ者

レートガバナンス・コードの改訂でも気候変動などの地球環境問題への配慮と人権の尊重があわせて記載されている。また，クラスアクション等の訴訟においても両者が主張されている事例が見られる。人権リスクと環境リスクが重なり合って問題となり得る場面として，以下のような例が挙げられる。

①　コバルトの児童労働と鉱山での環境破壊の例

電子機器のバッテリー等に用いられるコバルトの約6割は，コンゴ民主共和国（DRC：Democratic Republic of the Congo）で生産されているが，コバルト採掘のために劣悪な環境下での児童労働がなされていることが指摘されており，米国の人権保護団体が複数の電子機器メーカーに対して，同メーカーらが児童労働に加担し利益を得ているとしてクラスアクションを提起するなど，訴訟にも発展している。また，このようなコバルト採掘においては，地下水位の低下に伴う生態系の破壊など，環境破壊にもつながっているとの指摘もなされている。

なお，コバルトについては環境意識の高まりに伴う電気自動車（EV）普及によって，需要が増加している側面もあり，このように環境意識が人権・環境リスクを増大してしまう（または新たな人権・環境リスクを生んでしまう）という点でも今後の課題を示唆するものと考えられる。

②　気候変動に関する問題

オランダでは2019年12月に気候変動に関する最高裁判所の判決が出され，グローバルで注目を集めた。同訴訟は，オランダの環境NGO等がオランダ国（経済・気候政策省）に対して，国内から排出される温室効果ガス排出量を2020年末までに1990年比で25％以上削減するよう命じること等を求めて民事訴訟を提起したものであるが，オランダ最高裁判所は，気候変動により欧州人権条約2条に定める生命に関する権利や，8条に定める個人の生活や家庭生活に関する権利に対する現実かつ切迫した危険が存在し，国が同条に基づいて適切な措置を講じる義務があるとして，国に対して1990年比で25％以上の温室効果ガスの排出削減義務を是認したものである[20]。同訴訟も，気候変動の影響を人権侵害

20　気候ネットワーク「【判決紹介】オランダ最高裁2019年12月20日「危険な気候変動被害は人権侵害」科学が要請する削減（2020年90年比25％削減）を政府に命じる」（2020年2月29日）

（日本では精神的人格権との枠組みとして捉えられるべきものと考えられる）
と捉えている点で，環境と人権双方が問題となっているものといえる。

　また，気候変動との関係では，フィリピンの人権機関であるフィリピン人権
委員会も，気候変動がもたらす人権侵害について調査を行い，2019年12月，化
石燃料関連企業47社が地球温暖化に拍車をかけており，気候変動の結果として
人権侵害を受けた場合，法的責任が問われ得るとの判断を示している[21]。

③　森林破壊とこれに伴う先住民の権利の侵害

　2016年に人権NGOであるヒューマンライツ・ナウは，マレーシア最大の州
であるサラワク州において，違法伐採により熱帯雨林の破壊や河川の汚染がな
されるとともに，熱帯雨林で生活していた先住民が慣習的に土地を利用してき
た権利（土地に関する慣習権）を侵害され，強制移住させられているとして，
日本企業に対して違法伐採が行われている企業との取引停止や輸入木材の
デュー・ディリジェンスを求める報告書を公表している[22]。

　このように先住民がいる地域においては，先住民が鉱山採掘，森林伐採，ダ
ム開発等の過程で強制移住を余儀なくされるなどの問題も生じているほか，先
住民が同化を強制されない権利や，慣習的に利用してきた土地（慣習地）を利
用できる権利などが先住民の自己決定権として論じられる場合もある。

④　水へのアクセス

　水に対する権利は，2002年11月に国連社会権規約委員会における一般的意見
№15で宣言され，2010年7月28日の国連総会において「水と衛生設備に対する
人権」に関する決議が採択されるなど，国際的に基本的人権として評価されて
いると考えられる。より具体的に，水に対する人権とは，すべての者が，差別
なしに，個人や家庭の使用のための十分で，安全かつ受け入れ可能であり，物
理的にアクセス可能で負担可能な対価で入手可能な水に対するアクセスを持つ

21　アムネスティ・インターナショナル「フィリピン：人権委員会　気候変動がもたらす人
　　権侵害の企業責任を問う」（2019年12月17日）
22　ヒューマンライツ・ナウ「【報告書】「マレーシア・サラワク州　今なお続く違法伐採に
　　よる先住民族の権利侵害　報告書」を公表しました。」（2016年1月14日）

権利として定義される。

　たとえば，企業活動により水資源が汚染された場合，水質汚染として環境に
与える影響が問題となる場面も考えられるが，同時に，地域住民が安全な水へ
のアクセスが妨げられるという観点では人権リスクの問題として捉えられるこ
とがあり得る。

(5)　人権リスクと汚職リスクの関連性

　人権リスクの高い国については，法の支配が機能していない，あるいは，企
業によるガバナンスが十分でない場合が多いため，汚職やマネーロンダリング
のリスクも高まる傾向がある。たとえば，紛争鉱物との関連では，OECDの
「紛争地域および高リスク地域からの鉱物の責任あるサプライチェーンのため
のデュー・ディリジェンス・ガイダンス」において，紛争鉱物の採掘，輸送，
取引に関連して強制労働や児童労働が生じるリスクが指摘されるとともに，政
府に支払われる税金等を偽るために原産地を隠匿したり偽装したりするための
賄賂の支払や，鉱物取引拠点での違法課税等に由来し，鉱物の採掘等に起因・
関連した資金の洗浄等のリスクがあることが指摘されている（同ガイダンス付
属書Ⅱ参照）。そして，このような汚職が横行することにより，本来公務員に
よって実施されるべき人権保護のための行政サービスの提供が妨げられるリス
クも存在する。

　また，米国政府が2022年1月に発出したミャンマーの軍事政権と関わりのあ
るビジネスに携わる企業等に係るリスクに関する勧告（第4章2(5)参照）の中
でも，軍事政権の経済的資金源として，強制労働等による人権侵害により生産
された製品と，マネーロンダリングや汚職による不正収益の双方が挙げられて
いる。

　このように，人権リスクと環境リスクとの重なり合いだけでなく，汚職リス
クとの間にも関連性が見られることから，企業がサプライチェーンの透明化に
取り組むことはこれらのリスク対応の観点からも有益である。また，これらの
リスクについて一貫した取組みを行うことで漏れがなくなるというメリットも
あると考えられる。企業の中には，従前汚職防止との関係で取り組んできた社
内研修のプログラムに，人権に関するガイダンスを追加し，従業員がステーク

ホルダーから苦情を受けた場合に報告するよう求めるなどの啓発を行う形で人
権尊重への取組みを進めているところも見られる。

4 ▎「人権リスク」の発現する場面

　人権リスクが発現する場面としては，大きく分けて，(i)レピュテーションリ
スク，(ii)法令違反・訴訟リスク，(iii)財務リスク・ダイベストメント，(iv)オペ
レーショナルリスクといった点が挙げられる。従来，人権リスクは，不買運動
等の(i)レピュテーションリスクに関わるものとして説明されることが多かった
が，欧州を中心とした指導原則のハードロー化や人権コンプライアンスに関す
る意識の高まりの中で，そのほかのリスクも発現する場面が増えてきているよ
うに思われる。

(1)　レピュテーションリスク

　これまで人権リスクが発現した事案での多くのケースでは，企業が人権侵害
に加担している等として批判を受け，時に当該製品にとどまらず当該企業の製
品全体を対象とした不買運動や，ブランドイメージの低下，株価の下落につな
がるなど，レピュテーションリスクが問題となっている。また，これらの事案
の多くは，自社ではなくサプライチェーンで関係する企業のビジネスとの関係
で問題となっていることにも留意する必要がある。人権リスクは，脆弱な立場
に置かれやすい人々との関係で問題となることが多く，国際的に大きな批判を
受ける場合も見られる。

　これまでレピュテーションリスクが国内外で問題となった事案の例としては
次頁の【図表1−5】のものが挙げられる。これらの事案の対象企業の中には，
人権リスクに関する事案を機に改善を行い，現在では人権への取組みについて
高い評価を受けている企業も見られる。

　なお，このような事案の中には，自社ないしサプライチェーンにおける人権
侵害が主張され，当該主張に対して名誉毀損等に基づく訴訟提起を行ったが，
それがスラップ訴訟（反対派の批判を封じる手段として行われる濫用的な訴
訟）であるとして批判を招き，さらにレピュテーションリスクが顕在化した

【図表1－5】レピュテーションリスクが生じたケース

時期（年）	対象企業	事案の概要
2004	日系スポーツメーカー	アテネオリンピック前に，NGOが日系メーカーを含むスポーツメーカーに対して労働環境の悪質性等を指摘するキャンペーンを行った。
2007	英国小売業者	英国の小売業者のサプライヤーの工場で働く移民労働者が差別的な取扱いや長時間労働を強いられるなどしていたとして，労働組合によるデモなどが発生した（その後，複数のNGOや労働組合と連携するなどして，改善策が採られた）。
2011	日系電機メーカー	マレーシア工場における移民労働者が会社に処遇改善を求めたところ脅迫的な言動を受けたとして人権活動家がこれを公表し，同社に対して抗議活動が生じた。
2012	米国電子機器メーカー	サプライヤー工場における労働環境が問題となり，米国の人権NGOである公正労働協会（FLA：Fair Labor Association）による指摘を受けた。
2021	日系アパレルメーカー	ドキュメンタリー番組でベトナム人の技能実習生が過酷な環境でタオル製造に従事させられていることが取り上げられ，不買運動等に発展した（その後，組合によりコンプライアンス体制の改善を行うための委員会が立ち上げられるなどの改善がなされている）。
2022	英国アパレルメーカー	新聞社による覆面調査により，一部のサプライヤー工場における劣悪な労働条件や低賃金が指摘され，国際的に大きな批判を浴びるとともに大幅に株価を下落させた。

ケースも見られることから，企業としては人権侵害等に関する主張がなされた場合，反論・主張の手法も含め慎重な検討が必要である。

　また，企業としては，自社の製品・サービスが意図しない形で用いられることにより人権侵害に加担していると批判される場合もある。たとえば，1990年代に，電機メーカーが製造販売する超音波画像診断装置がインドや中国において胎児の性別判断に用いられ，女児の人工中絶を引き起こす事態となった。当該用途は同メーカーの意図した用途ではなかったが，不正な利用に対する防止策が不十分であった等として批判を受けた（その後，インドや中国において超音波画像診断装置の用途に関する規制がなされたほか，同メーカーにおいても

不正用途を防止するための販売先の管理等の改善策が採られた)。

(2)　法令・訴訟リスク

　個別の法令に違反する場合には，法令リスク（個別法令に違反し，刑事罰や行政罰の対象となるリスク，あるいは輸入規制や経済制裁等の対象となるリスク）や訴訟リスク（企業の活動が人権侵害に当たるなどして，労働者その他のステークホルダーとの間でのクラスアクション等の訴訟の対象となるリスク）が存在する。

　また，人権リスクに関連する訴訟は，指導原則やOECD多国籍企業行動指針等のソフトローを根拠とするもの，および第3章で述べる人権デュー・ディリジェンス等のハードローを根拠とするものの双方が見られ（なお，これらがあわせて主張される場合もある），訴訟の形態も多岐にわたる。典型的な請求原因としては，(i)人権リスクの被侵害者から個別の人権侵害に基づく損害賠償等を求めるもの（例として，労働者の雇用主に対して劣悪な雇用環境等を理由とした損害賠償請求が挙げられるが，直接の雇用主に限らずサプライチェーン上の他の企業に対して提起される場合もある），および(ii)人権に関連する企業の表示行為が虚偽または不正確であることを根拠とする損害賠償請求（ESGでいうところのグリーン・ウォッシュ[23]の主張）が挙げられる。

　従来は，このような企業による人権リスクはクラスアクションを含む民事訴訟で争われることが多かったが，後述するとおり刑事事件として問題となる事案も出てきている。人権リスクに関するクラスアクション等においては，新興国における被害者のために先進国での訴訟が行われるなど，人権侵害が発生したとされる場所と異なる場所で訴訟が提起されることも多いことから，訴訟において管轄が争われるケースも多く見られるが，最終的に管轄の問題等で棄却されたとしても，企業としては長期間にわたり多額のコストやリソースを費やすことになる上，仮に最終的には訴訟で勝訴しても，報道等によりレピュテーションに悪影響を与える場合もある。

　また，米国では，取締役会がダイバーシティに配慮した人材を確保できてお

23　実際には環境に十分配慮していないにもかかわらず，あたかも環境に配慮しているように見せかけること。

らず，企業が表明しているダイバーシティ＆インクルージョン（D&I）へのコ
ミットメントが投資家に誤解を生じさせたこと等を理由とする株主代表訴訟が
複数社に対して提起される[24]など，人種的ダイバーシティの改善を求める動き
もある。さらに，気候変動など環境リスクに関連する分野では，後述するとお
り企業が行う対策が不十分であることを理由とした株主代表訴訟や，取締役に
対する責任追及等の動きも見られるところであり，今後人権リスクとの関係で
も同種の訴訟が増えることも想定される。

　これまでに提起された人権に関連する訴訟の例としては，個別の箇所で取り
上げる事例のほか，以下のような事例が存在する。

①　人権リスクの被侵害者による個別の人権侵害に基づく損害賠償等

・スイスに本社を置く大手食品会社の取引先であるコートジボワールのカカオ農
　園で勤務していたマリ人が，2003年，劣悪な環境で児童労働をさせられてい
　たとして，同社に対して損害賠償を求める訴訟提起に及んだ（2021年に企業
　が勝訴し終結した）。

・ポーランドから人身売買された労働者が，人身売買された上に，英国の廃棄
　物・リサイクル企業の下請として劣悪な労働環境で働かされていたとして，
　2021年1月に同社に対し，損害賠償を求める訴訟提起に及んだ（当該訴訟は
　2023年1月時点で係争中である）。

・2008年，米国の造船会社が船舶の修理等のためにあっせん業者等を通じて雇
　用した労働者があっせん業者等に対して多額の手数料を支払い，劣悪な雇用環
　境に置かれて働かされていた等として，複数の労働者が提起した訴訟でニュー
　オーリンズ州の地裁では賠償請求を認容し，最終的には2,000万ドルで和解が
　成立している[25]。

・2012年にパキスタンで発生した地震により現地のアパレル生産工場で火災が
　発生し，多数の労働者が死亡した。同工場では主としてドイツの小売業者の
　ジーンズを生産しており，同社は火災発生後一定の補償金を支払ったものの，

24　Natalie Ocegueda v. Zuckerberg, Case No.20-cv-04444-LBなど。なお，同訴訟において
　　は，当該コミットメントが誤解を生じさせるものであることについて十分な主張がなされ
　　ていない等として，原告の訴えを却下する判断がなされている。

25　David, et al. v. Signal International LLC, et al.

補償額について合意に至らず，労働者の死亡は同工場における安全衛生対策が不十分であったことが原因であるとして，2015年にドイツにおいて民事訴訟が提起された。裁判所は被害が発生した場所がパキスタンであることからパキスタンの法律が適用され，時効が成立している旨判断したが，世論を受けてさらなる補償を行うとの条件で和解に至った。

・米国では，「2000年人身売買被害者保護法」（TVPA：Trafficking Victims Protection Act of 2000）およびその改正法である「人身売買被害者保護再承認法」（TVPRA：Trafficking Victims Protection Reauthorization Act）において，強制労働と関連する事業について，当該事実を認識し，または十分な注意を払うことなく事業に関与して利益を得た場合には刑事罰および民事制裁の対象となることが定められているところ，2019年以降，本法律に基づき，米国において，性犯罪の被害者がホテルのオーナー等に対し，人身売買業者が施設内で性売買が行われていることを認識していたかまたは認識し得たとして損害賠償を求める民事訴訟が複数提起されている。

② 投融資を通じた関与が問題とされた例

・1997年から2009年にかけてスーダンにおいて行われた強制労働等の人権侵害行為に対し，フランス系の銀行が資金提供により関与したとして，スーダン系米国人の被害者らを代表したクラスアクションが米国のニューヨーク南部地区連邦地方裁判所に提起されている（2023年1月時点で係属中）[26]。

・オーストラリアの金融機関がカンボジアで農地収奪をした上で児童労働等を行っている現地企業に融資していたということでNGOから告発を受けた。同金融機関は批判を受けて融資を終了したが，農地収奪の被害者に対する救済措置を怠ったということで国際的な非難を浴び，最終的に同銀行が被害者に対する一定の補償を行うということになった[27]。

---

26 Kashef et al. v. BNP Paribas SA et al.
27 Australian Government the Treasury "Follow Up Statement Regarding complaint submitted by Equitable Cambodia and Inclusive Development International on behalf of Cambodian families"（2020年2月27日）

③　企業の製品等における表示が争われた例

・スイスに本社を置く大手食品会社が，同社のキャットフードの一部に強制労働で調達された魚介類が含まれている可能性があることの開示を怠ったことにより米国カリフォルニア州サプライチェーン法に違反したとして，2015年にカリフォルニア州の消費者からクラスアクションを提起された。カリフォルニア州中央地区裁判所は，当該大手食品会社が同法に基づくコンプライアンスプログラムを開示しており，サプライチェーンにある特定の事業者が強制労働を行っている事実までを開示することを義務づけるものではないとして，当該請求を棄却している[28]。

・2013年以降，韓国の電子機器メーカーおよびそのフランス子会社に対して，人権NGOは，同社が世界で最も倫理的な企業の１つであり，従業員の人権を尊重する旨自社のウェブサイトにおいて表示しながら，当該表示に反して児童労働等を行っていることが誤解を招く広告であるとして民事訴訟を提起している。当該訴訟は2022年にフランスの最高裁判所において棄却されている。

④　その他の事案

・2021年７月に，フランスのNGOが日系アパレル企業のフランス子会社を含む複数の会社に対して新疆ウイグル自治区の強制労働で使用された材料を用いている疑い（人道に関する罪の隠匿の疑い）があるとしてフランス当局に告発し，捜査が開始されたことが報道されている（2023年１月時点では訴訟が提起されたとの報道はなされていない）。

(3)　財務リスク・ダイベストメント（投資撤退）等

　機関投資家による投資基準としてESGに関するものが増加しており，人権リスクの発現や人権課題に対する取組みを行わないことにより，機関投資家等のネガティブな判断を招いて投資対象から除外される，ダイベストメント（株を手放したり，銀行口座から資金を引き揚げたりすること）のリスクが存在する。
　また，人権デュー・ディリジェンスの義務化等の流れと並行して，人権リス

28　Barber v. Nestlé USA, Inc.

クに関する開示についても非財務情報の一部として開示の流れが進んでいる。

　米国では，2011年に，企業と投資家がサステナビリティの財務的影響に関する共通言語を開発することを目的としてサステナビリティ企業会計基準審議会（SASB：Sustainability Accounting Standard Boards）が設立され，複数のセクターや業種について開示スタンダード（SASBスタンダード）が策定されている[29]。また，2016年にはサステナビリティ報告書のガイドラインとしてGRI（グローバル・レポーティング・イニシアチブ）が公表されている。

①　ESG投資の流れ

　ESG投資とは，従来の財務情報だけでなく，環境（Environment），社会（Social），ガバナンス（Governance）要素を考慮した投資を指すところ，機関投資家を中心とし，広がりを見せている。この点に関連して，2006年に発足した責任投資原則（PRI：Principles for Responsible Investment）は，企業分析・評価を行う際に長期的な視点を重視し，ESG課題についての適切な開示を行うよう投資企業に求めているが，これをきっかけとし，ESG投資の流れが本格化しているといえる（なお，ESG投資の手法として，従来は，ネガティブ・スクリーニング（ESGの観点から適さない事業を営む企業への投資を回避する手法）が一般的であったが，ポジティブ・スクリーニング（ESGの観点から適すると考えられる企業を選別して投資する）の手法も広がりを見せている）。

　特に「ビジネスと人権」の分野については，PRIは2020年10月に公表した「投資家が人権を尊重するべき理由およびその方法」と題する報告書[30]において，機関投資家の責任として(i)国際的に認められた人権を尊重するポリシー・コミットメントの採択，(ii)投資先に対するデュー・ディリジェンスのプロセス，(iii)救済措置へのアクセスの具現化または提供の3つに関する責任を担う旨表明しており，2021年―2024年の戦略計画では，気候変動および人権問題に注力する方針を示している[31]。

29　2021年6月，国際統合報告フレームワークを開発していた国際統合報告評議会（IIRC：International Integrated Reporting Council）とSASBは合併し，価値報告財団（VRF：Value Reporting Foundation）が設立されている。
30　PRI "Why And How Investors Should Act on Human Rights"（2020年10月22日）
31　PRI "PRI Strategic Plan 2021-24"（2021年4月）

　また，機関投資家らが参加する企業人権ベンチマーク（CHRB：Corporate Human Rights Benchmark）は対象とする業界を順次追加しており（2020年版ではこれまでの農作物，アパレル，資源採掘，ICTに加えて自動車のセクターが追加されている），機関投資家がCHRBスコアをもとに議決権行使を行う事例も増加している。これらの流れを受けて，人権に関する問題を事業リスクや経営上対処すべき課題として有価証券報告書で開示する事例も増えており，2019年度には前年度の2.6倍に増加したと報道されている[32]。

②　株主提案等の動き

　上記に加え，米国では，アクティビスト投資家が，人権専門家を取締役候補とするよう複数の企業に対して株主提案を行うなどの事例も見られるほか，人権への対応を要求する株主提案を行う動きも出てきている。たとえば，2020年には米国自動車企業に対して，人権ガバナンスやデュー・ディリジェンスに関する情報開示を改善する株主提案がなされたほか，2022年の株主総会では，米国ICT企業に対して，会社の方針や慣行が従業員らの人権に及ぼす悪影響について監査するよう求める株主提案が可決されている。加えて，米国では，2022年5月にESG投資商品に対し，ESG投資の具体的な方法や投資により生じる社会的インパクト等について開示を義務づける新たな規則案が公表されており，今後の規制強化にも留意しておく必要がある。

(4)　オペレーショナルリスク等

　サプライチェーンにおける人権課題については従前に比べて注目を集めており，また若い世代を筆頭に人権や，より広範にSDGsへの関心が高まっている。そのため，企業の人権への取組みへの姿勢や経営者の情報発信の内容いかんにより，従業員のモチベーション低下や離職につながることがあり得る。

　また，操業リスク（人権侵害を改善しなかった結果，従業員のストライキ等により操業が停止するなど操業に悪影響が生じるリスク）の存在も指摘できる。たとえば，2012年には日系企業のインド工場で労務マネジメントに関するトラ

32　日本経済新聞「人権リスクの開示企業，2.6倍の78社に　19年度有報で」（2020年12月22日）

ブルを機に従業員による暴動が発生し，1カ月程度の操業停止を強いられるなどの事態に発展した。

　さらに，政府による人権侵害の懸念が存在する場合に，企業としては同国からの撤退を迫られる場面もあり得る。たとえば，ミャンマーでの国軍におけるクーデターやロシアのウクライナ侵攻を受けて，現地における操業を継続すること自体が政府による人権侵害に対して加担するリスクがあるとして，日本企業を含む多くの企業が撤退を余儀なくされた。

　そのほか，ロシアのウクライナ侵攻を受けて，持続可能に管理された森林に関する国際的な認証制度であるPEFC（Programme for the Endorsement of Forest Certification）は，ロシアおよびベラルーシ原産の木材をすべて「紛争木材」としてPEFC認証製品に使用できないことを表明した[33]が，このように人権リスクにより調達先の変更を余儀なくされる場合も想定される。

5 ┃ 人権に関する国際的なフレームワーク

　次に，これまで人権尊重の取組みのために策定されてきた国際的なフレームワークについて紹介する。

(1)　世界人権宣言および国際人権規約

　人権についての基本的な考え方は，第二次世界大戦時の残虐行為の再発を防ぐものとして1948年に起草・採択された世界人権宣言が基礎となっている（なお，同宣言は，1993年にウィーンで開催された世界人権会議において参加国171国により再確認されている）。世界人権宣言は，法的拘束力はないが，「すべての人民とすべての国が達成すべき共通の基準」として基本的人権尊重の原則を定めたものであり，初めて人権保障を国際的に宣言したものである。

　また，世界人権宣言を国際法として成文化したものが，国際人権規約である。国際人権規約は，市民的及び政治的権利に関する国際規約（いわゆる自由権規約，B規約），および経済的，社会的及び文化的権利に関する国際規約（いわ

33　PEFC「ロシアのウクライナ侵攻に伴うロシアとベラルーシの木材の取り扱い」（2022年3月5日）

ゆる社会権規約，A規約）に分かれている。自由権規約および社会権規約は，いずれも国際人権諸条約の中で最も基本的かつ包括的なものとしての人権尊重の軸であると捉えられている。

(2)　国連グローバル・コンパクト

国連グローバル・コンパクトは，当時の国連事務総長であったコフィー・アナン（Kofi Atta Annan）氏が1999年に提唱した世界的なビジョンに基づき，2000年に国連本部で発足したイニシアチブである。国連グローバル・コンパクトは，以下のとおり人権，労働，環境，腐敗防止の4分野について10原則を提唱しており，各企業がこれに賛同し自発的に行動することによって，社会の持続可能な成長を実現しようというものである。

【図表1－6】国連グローバル・コンパクトの10原則

人権	原則1：人権擁護の支持と尊重 原則2：人権侵害への非加担
労働	原則3：結社の自由と団体交渉権の承認 原則4：強制労働の排除 原則5：児童労働の実効的な廃止 原則6：雇用と職業の差別撤廃
環境	原則7：環境問題の予防的アプローチ 原則8：環境に対する責任のイニシアチブ 原則9：環境にやさしい技術の開発と普及
腐敗防止	原則10：強要や贈収賄を含むあらゆる形態の腐敗防止の取組み

(3)　ビジネスと人権に関する指導原則

①　指導原則策定の経緯および位置づけ

ビジネスと人権に関する指導原則（「指導原則」）は，2011年，ハーバード大学のジョン・ラギー（John Gerard Ruggie）教授が作成し2008年に人権理事会に提出した，「ビジネスと人権に関する保護，尊重，及び救済のフレームワーク」[34]をもとに国際連合（国連）において策定したものである。

上述した世界人権宣言や国際人権規約は基本的に国家との関係で人権尊重を

求めるものであるが，指導原則は企業に対して人権尊重を求めるという考え方を提示したものとして大きな意義が認められ，その後に策定された国際的なフレームワークや，第3章および第4章で紹介する各国法令のベースとなる，「ビジネスと人権」に関する非常に重要な原則である。

　指導原則は，「国際的に認められた人権」（世界人権宣言，国際人権規約，ILO中核8条約上の基本権）を基準とし（指導原則12），企業における国際的に認められた人権の尊重責任を国内法令の遵守の上位概念として位置づけるものである（指導原則11解説）。

　企業は，関連する国内法令が存在しない場合には指導原則上の国際的に認められた人権を尊重することが求められる（指導原則12）ほか，国際的に認められた人権の尊重と国内法とが相反する場合には，国際的に認められた人権の原則を尊重する方法を追求すべきであるとしている（指導原則23）。

②　指導原則の概要

　指導原則は，以下のとおり，人権を保護する国家の義務（10原則），人権を尊重する企業の責任（14原則），救済へのアクセス（7原則）の3つの柱から構成され，国家や企業に対して，その規模，業種，所在地，所有者，組織構造等にかかわらず，人権の保護および尊重を求めるものである。

- ・人権を保護する国家の義務：人権および基本的自由を尊重し，保護し，充足する国家の既存の義務
- ・人権を尊重する企業の責任：すべての適用可能な法令の遵守と人権尊重が要求される，専門的な機能を果たす専門化した社会的機関としての企業の役割
- ・救済へのアクセス：権利の侵害や義務の違反がなされた場合に，適切な措置をとること

34　United Nations "Promotion and Protection of All Human Rights, Civil, Political, Economic, Social and Cultural Rights, Including the Right to Development"（2008年4月7日）

（i）　人権を保護する国家の義務

まず，人権を保護する国家の義務としては，企業に人権尊重を義務づける法律の施行や，紛争影響下にある地域において企業が人権侵害に関与しないことを確保するための支援，人権保障に関する政策の一貫性の確保等を定めている（指導原則3ないし10）。

（ii）　人権を尊重する企業の責任

また，企業が人権尊重責任を果たすための方針・プロセスとしては以下の3つが求められている（指導原則15）。

・人権を尊重する責任を果たすという方針によるコミットメント
・人権への影響を特定し，防止し，軽減し，どのように対処するかについて責任を持つという人権デュー・ディリジェンス
・企業が引き起こし，または助長する人権の負の影響からの是正を可能とするプロセス

これらの詳細については第2章で解説する。そして，これらの責任が求められる企業活動の対象範囲としては，企業活動を通じて人権に負の影響を引き起こす（cause）ことやこれを助長する（contribute）ことを回避し，影響が生じた場合は対処すること，企業がその影響を助長していない場合であっても，取引関係によって企業の活動，製品，またはサービスと直接結びつく（directly linked）人権への負の影響を予防または軽減するように努める（指導原則13）ことが求められている。

（iii）　救済へのアクセス

救済へのアクセスは，国家と企業の双方に対して求められるものであり，国家の義務としては司法手続による実効性の確保（指導原則26），非司法的（国家による司法手続によらない）苦情処理の仕組み（指導原則27，これに該当するものとしてOECD多国籍企業行動指針に基づくNCPによる紛争解決プロセスが存在する（本章5(5)②参照））が求められているほか，企業としてはグリーバンス・メカニズム（申告窓口）の構築が求められている（第2章8参照）。

⑷　ILO中核的労働基準

　国際労働機関（ILO）は，1919年にベルサイユ条約によって設立された国際機関であり，2019年7月までに国際労働基準として190の条約と206の勧告を採択している。このうち労働者の基本的権利に関するものとして，結社の自由・団体交渉権，強制労働の禁止，児童労働の禁止，および差別の撤廃の4分野に関する【図表1－7】の8つの条約がILO中核的労働基準を構成している[35]。

【図表1－7】ILO中核的労働基準を構成する8つの条約

結社の自由・団体交渉権	結社の自由及び団体権保護条約（第87号）
	団結権及び団体交渉権条約（第98号）
強制労働の禁止	強制労働に関する条約（第29号）
	強制労働の廃止に関する条約（第105号）
児童労働の禁止	就業の最低年齢に関する条約（第138号）
	最悪の形態の児童労働の禁止及び廃絶のための即時行動に関する条約（第182号）
差別の撤廃	同一価値の労働についての男女労働者に対する同一報酬に関する条約（第100号）
	雇用及び職業についての差別待遇に関する条約（第111号）

　このうち日本は，「雇用及び職業についての差別待遇に関する条約」（第111号）を批准していない。もっとも，1998年に採択された「労働における基本的原則及び権利に関するILO宣言」では，ILO加盟国が当該条約を未批准である場合でも，これらの条約の対象となっている基本的権利に関する原則を尊重する義務を確認している。

　また，第3章で後述するとおり，各国法において，同条約が遵守すべき条約としてこれらの条約が含まれている場合があり，企業が当該法令の対象となる場合には，これらの条約で定められる内容についても遵守義務を負う場合がある点に留意が必要である。

35　なお，2022年6月の総会で「安全で健康的な職場環境」が分野として追加され，2024年12月に発効される見通しである。

(5) OECD多国籍企業行動指針

① OECD多国籍企業行動指針の概要

1976年，経済協力開発機構（OECD：Organisation for Economic Co-operation and Development）[36]は，多国籍企業に対して責任ある行動を自主的にとるよう勧告するOECD多国籍企業行動指針（OECD Guidelines for Multinational Enterprises）を策定した。同指針は，以降複数回にわたり改訂され，2011年に最終改訂されている[37]。

OECD多国籍企業行動指針は，その資本構造や規模，セクターを問わず，すべての多国籍企業（中小企業を含む）を対象とするものであり，企業が経済，環境，社会の進歩に対して積極的に貢献する一方で，人権や環境等に対し負の影響をもたらす可能性があることから，これらに対して「責任ある企業行動」（RBC：Responsible Business Conduct）を求めるものである。

同指針は，2011年に改訂された際に指導原則に沿った人権の章が追加されており，法的拘束力はないものの，国内法と同指針が相反する場合には，国内法の侵害とならない最大限の範囲で，企業は同指針を尊重する方策を追求すべきであるとされている。また，企業の人権尊重責任に関する章では多国籍企業に対するデュー・ディリジェンスの実施義務等が盛り込まれているところ，2018年に制定された「責任ある企業行動のためのOECDデュー・ディリジェンス・ガイダンス」では，多国籍企業に求められるデュー・ディリジェンス義務の実施内容等につき詳細が定められている。

同ガイダンスでは，デュー・ディリジェンスとは，企業が，(i)責任ある企業行動（RBC）を企業方針および経営システムに組み込む，(ii)RBC課題に対する実際のおよび潜在的な負の影響を特定する，(iii)負の影響を停止，防止および軽減する，(iv)実施状況および結果を追跡調査する，(v)影響にどのように対処したかを伝える，ならびに(vi)適切な場合に是正を実施するプロセスである，としている。

OECD多国籍企業行動指針におけるデュー・ディリジェンスの対象項目は，

---

36 日本を含む38カ国で構成されている（2022年4月時点）。
37 2011 Update of the OECD Guidelines for Multinational Enterprises（2011年5月25日）

人権，雇用および労使関係，環境，贈賄・贈賄要求および金品の強要の防止，消費者利益，情報開示と多岐にわたるものであるが，デュー・ディリジェンスの枠組みとしては，ビジネスと人権に関する指導原則の枠組みと軌を一にするものである。

同ガイダンスにおいて，デュー・ディリジェンスの本質的要素としては，以下の事項を挙げている（必要に応じて本文の記載を補足しているが，詳細は同ガイダンス16頁以下を参照されたい）。

・デュー・ディリジェンスは予防手段である
・デュー・ディリジェンスには複数のプロセスおよび目的が含まれる
　企業自体の事業，サプライチェーンおよびその他のビジネス上の関係に関して，負の影響を特定し，その負の影響を防止し軽減し，実施状況および結果を追跡調査し，どのように負の影響に対処したかを伝える一連のプロセスである。
・デュー・ディリジェンスはリスクに相応する（リスクベース）
・デュー・ディリジェンスは動的である
　デュー・ディリジェンスのプロセスは固定的なものではなく，常に進行し，反応し，変化するものである。
・デュー・ディリジェンスは責任を転嫁しない
　デュー・ディリジェンスに関する多国籍企業行動指針の勧告は，政府から企業への責任転嫁を意図せず，また，負の影響の原因となったり助長したりする企業から，そのビジネス上の関係によって負の影響に直接的に結びついている別の企業への責任転嫁も意図しない。
・デュー・ディリジェンスは国際的に認められたRBCの基準に関連する
　デュー・ディリジェンスは，多国籍企業行動指針に関する事項について，企業の法的義務を遵守する上で役立つ。国内の法令が多国籍企業行動指針の原則や基準に相反する国においても，デュー・ディリジェンスは，企業が国内法に違反しない範囲で同指針を最大限に守るのにも有用である。
・デュー・ディリジェンスを企業の状況に適合させる
　デュー・ディリジェンスの性質および範囲は，企業の規模，事業の状況，ビジネスモデル，サプライチェーンにおける位置および企業の製品またはサービスの性質等の要素に影響される。
・デュー・ディリジェンスは，ビジネス上の関係における制約に対処するために適応できる
　企業，とりわけ中小企業は，単独でビジネス上の関係先を動かすだけの市場力を持たない場合がある。だが，企業は，契約による取決め，事前資格審査の

要件，議決権信託，ライセンスまたはフランチャイズ契約により，さらには業界団体やセクター横断的活動を通じ，影響力を蓄積するための協調的な取組みによって，ビジネス上の関係先に影響を与える上でのこうした困難の克服を図ることができる。
・デュー・ディリジェンスはステークホルダーとのエンゲージメントから情報を得る
・デュー・ディリジェンスには継続的なコミュニケーションが必要である

　なお，OECDはデュー・ディリジェンスの内容に関し，鉱物，農業，衣類・履物のサプライチェーンのためのデュー・ディリジェンス・ガイダンス，資源採掘および金融の分野におけるグッドプラクティスに関する文書，紛争鉱物に関するガイダンスなどを個別に公表しており，本書においても適宜紹介する。

②　NCPによる紛争解決プロセス

　OECD多国籍企業行動指針は，同指針の普及や同指針に関する問題解決等のための各国連絡窓口（NCP：National Contact Point）の設定を求めており，日本では外務省，厚生労働省，経済産業省の3省によりNCPが構成されている。

　NCPの手続においては，企業が多国籍企業行動指針を遵守していないとする訴え（「問題提起（specific instance）」と呼ばれる）を受領した場合，問題提起の内容がさらなる検討に値するか否かについての初期評価を実施し，さらなる検討に値すると評価した場合[38]には，6カ月を処理期間の目安としてNCPのあっせんによる当事者支援がなされることとなる。そして，本手続自体は非公開であるが，当事者が合意に至った場合および合意に至らなかった場合（当事者の一方が手続に参加しない場合も含む）のいずれにおいても最終声明が外務省のウェブサイトで公表される[39]。これまでに日本NCPに対して問題提起がなされた事案の例としては，以下のようなものが挙げられる。

---

[38]　なお，国内法での救済法令が不十分な場合などを考慮し，当該問題について国内での司法手続等が進行中であったり利用可能であったりするというだけでは問題提起が「さらなる検討に値しない」とされることはないとされている。

[39]　OECD多国籍企業行動指針（2011年改訂版）日本連絡窓口（NCP）の手続手引

・日本に本社を置く多国籍企業のメーカーおよびそのタイ子会社に対し，同社の
　タイ労働組合およびNGOが，同社がタイで行った一部労働者の解雇等が労働
　者の権利等に関する多国籍企業行動指針の各規定に違反するとともに，同社が
　デュー・ディリジェンスを怠ったとして，問題提起を行った事案。これに対し，
　被提起企業は，上記の事案につきタイでの司法手続により解決を目指す意向で
　あるとの立場を示し，合意に至らずに手続が終結している（2017年終了）。

・日本に本社を置く複数の金融機関に対し，環境系NGOが，同金融機関らが融
　資を行い，または融資を検討している石炭火力発電事業が環境や情報開示に関
　する多国籍企業行動指針の各規定に違反しているとして問題提起を行った事案。
　これに対し，被提起企業である金融機関らは，融資にあたり環境に関する
　デュー・ディリジェンスを実施していること等を主張し，NCPによるあっせ
　んがなされたものの合意に至らずに手続が終結している（2021年終了）。

　NCPの手続は，最終声明に至っている事案の多くが（必ずしもNCPの手続
内でなくても）被提起企業と問題提起者の間で一定の解決に至っている事案が
多いことは評価できるが，日本においては毎年1～2件程度しか最終声明に
至っておらず，十分に普及しているとはいいがたいように思われる。後述する
国別行動計画（本章8(3)参照）においても「日本NCPの活動の周知」が述べ
られているが，日本においてもさらに普及することが期待される。

6 ｜ その他の国際的なフレームワーク

　その他の国際的な「ビジネスと人権」に関連するフレームワークとしては，
主なものとして以下のものが挙げられる。いずれも他のフレームワークと同様
に，指導原則の趣旨を反映している。

・ISO26000：2010年11月に，国際標準化機構（ISO）により発行された規格
　であり，組織が持続可能な開発に貢献することを支援するために開発されたも
　ので，「社会，環境，法律，文化，政治，組織の多様性を考慮するとともに，
　国際的な行動規範との整合性を図る」ことを組織に求めるものであり，社会的
　責任の中核主題[40]の1つとして人権が掲げられている。なお，他のISOと異な

り，要求事項がないことから認証規格としては用いられず，組織の自主的な活用を意図するものである。

・エクエーター原則：金融機関のための自主的なリスク管理の枠組みで，「金融機関のための最低限の基準を提供する」ことを目的として主要金融機関らの協議により策定されており，エクエーター原則2では，金融機関の顧客が「人権に関するリスクと影響を評価する際には，指導原則を参照すべきである」と明記されているとともに，エクエーター原則6では，金融機関に影響を受けるコミュニティのための苦情処理メカニズムの設置を求めており，追加的なガイダンスのソースとして指導原則を参照している。

・IFCのパフォーマンス・スタンダード：国際金融公社（IFC：International Finance Corporation）は，開発途上国の民間セクターに資金を提供することに特化した開発機関であり，パフォーマンス・スタンダードは，IFCの融資を受けたプロジェクトを実施・運営するIFCの顧客を対象とするものであるが，2012年に改正されたパフォーマンス・スタンダードのガイダンスでは，パフォーマンス・スタンダードにおける「環境および社会的リスクと影響の評価と管理」が，指導原則を反映していることを求めている。

7 ▌SDGsと人権

　持続可能な開発目標（SDGs：Sustainable Development Goals）とは，2015年9月の国連サミットで採択された，「持続可能な開発のための2030アジェンダ」に記載された国際指標であり，「誰一人取り残さない（no one will be left behind）」という理念の下で2030年までに達成すべき持続可能で多様性と包摂性のある社会の実現のための17の国際目標と169のターゲットを定めたものである。SDGsは2000年に開催された国連ミレニアム・サミットで採択されたミレニアム開発目標（MDGs）の後継として位置づけられるものであるが，MDGsが開発途上国における極度の貧困と飢餓の撲滅等を主たる目標としていたのに対し，SDGsは開発途上国だけでなく先進国をも含む問題として持続可

40　組織統治，人権，労働慣行，環境，公正な事業慣行，消費者課題，コミュニティへの参画およびコミュニティの発展

能な世界を目指すための共通目標として設定されている点に特徴がある。

　SDGsの目標やターゲットの中で，人権との関係で直接的に該当する部分としては，「強制労働を根絶し，現代の奴隷制，人身売買を終わらせるための緊急かつ効果的な措置の実施，最悪な形態の児童労働の禁止及び撲滅を確保する。2025年までに児童兵士の募集と使用を含むあらゆる形態の児童労働を撲滅する」（目標8.7）として強制労働・児童労働の撲滅を宣言している点が挙げられるが，SDGsの目標やターゲットの中には「人権」という言葉はほとんど出てこない。

　もっとも，SDGsのすべての目標は広く人権の尊重を包含するものであり，上記8.7以外の目標も含め，SDGsに通底するものとして人権尊重の概念が存在すると考えられる。この点は，後述する日本の行動計画（本章8⑶参照）においても，「SDGsの実現と人権の保護・促進は，相互に補強し合い，表裏一体の関係にある」とされている。このように人権リスクに対応することとSDGsに取り組むことは，密接に関連しているといえる。

　もっとも，SDGsウォッシュ[41]といわれることがあるように，SDGsも人権コンプライアンスも社会において注目されているからこそ，実質を伴わない取組みに対しては，かえってステークホルダーからの反発を受け，ひいては訴訟リスクを生むなど，企業にとってのネガティブなインパクトがあり得る点に留意する必要がある。

8 ┃ 日本における人権への取組み

⑴　法令による保護

　日本法上，労働者の権利に関する主要な法令としては，労働基準法，雇用の分野における男女の均等な機会及び待遇の確保等に関する法律（男女雇用機会均等法），労働安全衛生法，労働者災害補償保険法などで規律されているほか，刑法（人身売買罪等），民法，環境基本法，不正競争防止法等の法律により保

41　SDGsに取り組んでいるように見せかける意味で，SDGsとホワイトウォッシュ（うわべを飾ること）の造語。

護が図られている。また，2019年に改正された，労働施策の総合的な推進並びに労働者の雇用の安定及び職業生活の充実等に関する法律（労働施策総合推進法）により事業主にパワーハラスメント防止のための相談体制の整備等の雇用管理上の措置が義務づけられるようになった。

　児童労働等からの児童の保護を図るための法律としては，児童買春，児童ポルノに係る行為等の規制及び処罰並びに児童の保護等に関する法律，児童福祉法，刑法等が存在する。また，児童労働との関係では，日本でのいわゆる「JKビジネス」（女子高校生にマッサージ等を行わせるなどのサービス）の提供が国際的に批判されていること[42]を受けて，2017年には東京都で初めてJKビジネス等の規制を行うために「特定異性接客営業等の規制に関する条例」が制定されている。

　ただし，人権デュー・ディリジェンスを求める法令（第3章参照）や重大な人権侵害に対する制裁を定める法令（第4章参照）は日本では未制定である。

(2)　法令の執行状況

①　労働基準法による強制労働の摘発

　強制労働に関する直接的な規制としては，労働基準法5条では，「使用者は，暴行，脅迫，監禁その他精神又は身体の自由を不当に拘束する手段によつて，労働者の意思に反して労働を強制してはならない」として強制労働を禁止している。

　同条に基づく摘発例は多くないが，過去には学校事業等を営む企業が留学生に対して，途中退学した場合に違約金を支払う契約を締結したなどとして労働基準監督署から検察庁に対して送検された事例がある（報道によれば不起訴処分により終結している）。また，民事訴訟では，中途退職者に契約締結金（サイニングボーナス）の返還を求める規定の違法性が「経済的給付の性質，態様，当該給付の返還を定める約定の内容に照らし，それが当該労働者の意思に反して労働を強制することになるような不当な拘束手段であるといえる」場合には労働基準法5条および16条（賠償予定の禁止）に反し，同13条および民法90条

42　US Department of State "2021 Trafficking in Persons Report : Japan"（2021年7月29日）

により無効とされた事例（東京地判平成15年3月31日ジュリスト1266号）などがある。

②　ヘイトスピーチ

ヘイトスピーチとは，特定の国の出身者であることまたはその子孫であることのみを理由に，日本社会から追い出そうとしたり危害を加えようとしたりするなどの一方的な内容の言動をいう。ヘイトスピーチに関しては，本邦外出身者に対する不当な差別的言動の解消に向けた取組の推進に関する法律（いわゆるヘイトスピーチ解消法）が2016年6月に施行されている。

同法は，本邦外出身者に対する不当な差別的言動（例として「○○人は出て行け」「祖国へ帰れ」等の発言）が許されないことを宣言し，国が不当な差別的言動を防止する体制の整備等を求めるものであるが，同法違反に対する罰則自体は定められていない[43]。

③　技能実習法

外国人の技能実習制度は，技能移転を通じた新興国等への国際協力を目的として，「技能実習」や「研修」の在留資格で日本に在留する外国人が報酬を伴う技能実習や研修を行う制度として1993年に導入された。同制度に基づき登録されている外国人の数は年々増加しており，2016年末時点で全国に約23万人の技能実習生が在留している[44]。

もっとも，同制度下において，外国人の受入機関が研修生を実質的に低賃金労働者として扱ったり，受入機関の実習体制が不十分である等の理由により適正な実習指導が行われない，不正に保証金を徴収して技能実習生を送り出すなど不適正な送出機関が存在するといった問題が生じていたことから，同制度は国際的な批判の対象となっていた。そのため，技能実習制度の趣旨を徹底するため，管理監督体制を強化するとともに，技能実習生の保護を図る目的で，2017年，外国人の技能実習の適正な実施及び技能実習生の保護に関する法律

43　別途，刑法上の名誉毀損罪等が成立し，民事上不法行為に当たる可能性がある。
44　技能実習の適正な実施及び技能実習生の保護に関する基本方針（2017年4月7日法務省・厚生労働省告示第1号）

（技能実習法）が施行された。

　技能実習法では，上記のような過去の経緯を踏まえ，監理団体やその役職員に対する規制として以下を含む禁止事項を定めている[45]。

・暴行，脅迫，監禁その他精神または身体の自由を不当に拘束する手段によって技能実習生の意思に反して技能実習を強制する行為の禁止（46条）
・損害賠償の予定，技能実習生の貯蓄を管理する契約等の禁止（47条）

　また，監理団体やその役職員，および実習実施者に対する規制として以下の点を定めている。

・技能実習生の旅券または在留カードを保管する行為，および外出その他の私生活の自由を不当に制限する行為の禁止（48条）
・同法違反事実を出入国在留管理庁長官および厚生労働大臣に申告したことを理由とする技能実習生に対する不利益取扱い（49条）

　技能実習法に基づき，2019年には，自動車会社等が技能実習生に対して技能実習計画と異なる作業をさせていたなどとして，技能実習計画の取消しにより5年間受入禁止となっている（なお，技能実習法上，技能実習生の認定取消処分を受けた場合，「特定技能」の在留資格についても新たな受入れができなくなる点，また，法令違反による罰則を受けた場合には認定取消事由になる点に留意が必要である（16条1項7号））。

　また，2020年3月には，実習生を派遣する監理団体の代表理事が，技能実習生の女性に対し，携帯電話を没収するなどして同法が定める禁止行為（技能実習が行われる時間以外における他の者との通信等の禁止を告知すること）を行ったとして同法に基づき逮捕されたが，報道によれば不起訴処分とされたとのことである。

　さらに，技能実習生との関連では労働基準監督機関において労働基準関係法

45　実習実施者についても労働基準法により同様の規制がなされている（5条，16条，18条1項）。

令に関する監督・指導も実施されており，実習実施者に対しては，2019年に
9,455件の監督指導が実施され，うち6,796件で労働基準関係法令違反が認めら
れている[46]。特に，労働時間（労働基準法32条），使用する機械等の安全基準
（労働安全衛生法20～25条），割増賃金の支払（労働基準法37条）の違反件数が
多く見られる。

　なお，日本政府は，技能実習生の受入れ・送出しにおける連携を円滑にし，
規制を強化するため，フィリピン，カンボジア等の複数の国と二国間協定を締
結し，協力覚書を作成している[47]。

(3)　国別行動計画の公表

①　行動計画策定の経緯

　日本では，2020年10月に「ビジネスと人権」に関する行動計画（2020－
2025）（「行動計画」）が策定された。行動計画は，関係各省庁の関連施策を明
確にし，「ビジネスと人権」に関する政府の基本的立場を示すものとして，外
務省が主導する関係府省庁連絡会議において検討・作成されたものである。行
動計画の策定および実施を通じ目指すものとしては，国際社会を含む社会全体
の人権の保護・促進，「ビジネスと人権」関連政策に係る一貫性の確保，日本
企業の国際的な競争力および持続可能性の確保・向上，SDGsの達成への貢献
がそれぞれ挙げられており，SDGsの実現に向けた取組みの1つとして位置づ
けられている。

　そもそも，日本を含む各国の国別行動計画は，2014年に国連ビジネスと人権
に関する作業部会がビジネスと人権に関する国別行動計画（NAP：National
Action Plan）を作成するよう各国に勧告したことを受けて準備されていたも
のであり，日本でも2016年に行動計画の策定を公表した以降，政府において法
令の整備状況等に関する現状把握調査（ベースラインスタディ）を行い，ス
テークホルダーとの意見交換やパブリック・コメントを実施するなどした上，

46　厚生労働省「外国人技能実習生の実習指導者に対する平成31年・令和元年の監督指導，
　　送検等の状況を公表します」と題する公表（2020年10月9日）
47　2022年9月時点でフィリピン，カンボジア，ネパール，ミャンマー，モンゴル，スリラ
　　ンカ，インドネシア，ベトナム，バングラデシュ，ウズベキスタン，パキスタン，タイ，
　　インド，ブータンの14カ国である。

その内容が検討されていたものである。

　② 　行動計画の概要

　行動計画は，基本的な考え方として以下の５つの優先分野を定めるものである。

---

①　政府，政府関連機関および地方公共団体等の「ビジネスと人権」に関する理解促進と意識向上

②　企業の「ビジネスと人権」に関する理解促進と意識向上（特に人的・物的資源に制約のある中小企業の理解促進と意識向上）

③　社会全体の人権に関する理解促進と意識向上

④　サプライチェーンにおける人権尊重を促進する仕組みの整備

⑤　救済メカニズムの整備および改善

　行動計画は，指導原則の３つの柱（人権を保護する国家の義務，人権を尊重する企業の責任，および救済へのアクセス）を踏まえ，人権を保護する国家の義務に関する取組み，人権を尊重する企業の責任を促すための政府による取組み，救済へのアクセスに関する取組みの３つに分類されている。

　このうち人権を尊重する企業の責任を促すための政府による取組みの概要は以下のとおりである。

【国内外のサプライチェーンにおける取組みおよび「指導原則」に基づく人権デュー・ディリジェンスの促進】

・業界団体等を通じた，企業に対する行動計画の周知，人権デュー・ディリジェンスに関する啓発

・「OECD多国籍企業行動指針」の周知の継続

・「ILO宣言」および「ILO多国籍企業宣言」の周知

・在外公館や政府関係機関の現地事務所等における海外進出日本企業に対する，行動計画の周知や人権デュー・ディリジェンスに関する啓発

・経済産業省により2017年５月に公表された「価値協創ガイダンス」（企業価値向上に向けて企業経営者と投資家が対話を行い，経営戦略や非財務情報等の開示やそれらを評価する際の手引きとなるガイダンス（指針）[48]）の普及

・女性活躍推進法（2019年5月の改正により，常時雇用する労働者数が301人以上の事業主は，自社の女性の活躍に関する状況把握・課題分析，これを踏まえた数値目標と取組みを盛り込んだ行動計画の策定・届出・周知・公表，自社の女性の活躍に関する情報の公表を行うことが義務づけられている。また，2022年4月以降は上記義務の対象が，常時雇用する労働者が101人以上の事業主に拡大されている）の着実な実施
・環境報告ガイドラインに即した情報開示の促進
・ILOへの拠出を通じ，サプライチェーン末端の労働者のディーセント・ワークの促進等の取組み等，海外における国際機関の活動の支援
【中小企業における「ビジネスと人権」への取組みに関する支援】
・「ビジネスと人権」に関するポータルサイト構築を通じた中小企業への情報提供[49]
・経済団体・市民社会等と協力して，中小企業を対象としたセミナーを実施
・本来，親会社が負担すべき費用等に関する下請事業者への転嫁の防止等，取引条件・取引慣行改善に係る施策

　また，人権を保護する国家の義務に関する取組み，人権を尊重する企業の責任を促すための政府による取組み，救済へのアクセスに関する取組みの3つの取組みに係る横断的事項として，以下の事項が挙げられている。

・労働（ディーセント・ワークの促進等）
・子どもの権利の保護・促進
・新しい技術の発展に伴う人権
・消費者の権利・役割
・法の下の平等（障害者，女性，性的指向・性自認等）
・外国人材の受入れ・共生

48　人権に関連する点としては，ESGをリスク・脅威としてだけでなく，「新たな事業を生み出し，また，ビジネスモデルを強化する機会としてどのように位置づけているか，そのためにどのような投資や資源配分を行っているのかを示すことも重要である」とすることなどが触れられている。
49　なお，すでに外務省ウェブサイト上に「ビジネスと人権」ポータルサイトが公表されている（https://www.mofa.go.jp/mofaj/gaiko/bhr/index.html）。

③　行動計画の今後の見直し等

　行動計画の期間は5年とされており，毎年，関係府省庁連絡会議において実施状況を確認するとともに，ステークホルダーとの対話の機会を設け，その概要を公表するとされている。また，行動計画公表から3年を目途に関係府省庁連絡会議において関連する国際的な動向および日本企業の取組状況について意見交換を行い，5年後に改定を行うことが想定されている。

　行動計画の策定後，外務省，経済産業省，法務省等の各省庁においてビジネスと人権に関連する情報提供等が進められており，理解の促進・啓発といった観点から順調に進行している。改定された行動計画では，こうした理解が進んだ状況も踏まえて，具体的に法制化の方針やスケジュールについて言及されることが期待される。

(4)　コーポレートガバナンス・コードの改訂

①　コーポレートガバナンス・コードの意義

　コーポレートガバナンス・コードは，東京証券取引所および金融庁において策定された文書であり，上場企業が行う企業統治（コーポレート・ガバナンス）において参照すべき指針として位置づけられるものである。コーポレートガバナンス・コードは，2015年6月から上場企業への適用が開始されており，法的拘束力はないものの，企業としてはコーポレートガバナンス・コードの趣旨・精神を尊重しなければならず（有価証券上場規程445条の3），上場会社の区分に従い，各原則を実施するか，実施しない場合には説明責任を果たすことが求められている（コンプライ・オア・エクスプレイン（comply or explain））（同規程436条の3）。そのため，各上場会社は，コーポレート・ガバナンス報告書等により，コーポレートガバナンス・コードの対応状況について開示・説明を行っていくことになる。また，コーポレート・ガバナンスの課題を踏まえ，機関投資家と企業との対話において重点的に議論されることが期待される事項を取りまとめた「投資家と企業の対話ガイドライン」（「対話ガイドライン」）もあわせて公表されている[50]。

50　コーポレートガバナンス・コードおよびスチュワードシップ・コードの付属文書として位置づけられるもの。

②　コーポレートガバナンス・コードの2021年改正

　従来，コーポレートガバナンス・コードでは「上場会社は，社会・環境問題をはじめとするサステナビリティを巡る課題について，適切な対応を行うべきである」（原則2−3）として抽象的なサステナビリティ課題について言及されていた。これに対し，2021年6月11日から施行された，上場企業の「コーポレートガバナンス・コード」の改訂版[51]では，中長期的な企業価値の向上に向け，サステナビリティ（ESG要素を含む中長期的な持続可能性）が重要な経営課題であるとの意識が高まっていることを受け，サステナビリティ課題への積極的・能動的な対応を一層進めていくことが重要である（基本原則2の考え方）との考え方に基づき，「取締役会は，気候変動などの地球環境問題への配慮，人権の尊重，従業員の健康・労働環境への配慮や公正・適切な処遇，取引先との公正・適正な取引，自然災害等への危機管理など，サステナビリティを巡る課題への対応は，リスクの減少のみならず収益機会にもつながる重要な経営課題であると認識し，中長期的な企業価値の向上の観点から，これらの課題に積極的・能動的に取り組むよう検討を深めるべきである」（補充原則2−3①。下線は筆者による付記）として，より具体的な内容が盛り込まれた。

　また，これに対応して，2021年6月に改訂された対話ガイドラインでも，投資家と企業との対話課題として「ESGやSDGsに対する社会的要請・関心の高まりやデジタルトランスフォーメーションの進展，サイバーセキュリティ対応の必要性，サプライチェーン全体での公正・適正な取引や国際的な経済安全保障を巡る環境変化への対応の必要性等の事業を取り巻く環境の変化が，経営戦略・経営計画等において適切に反映されているか。また，例えば，取締役会の下または経営陣の側に，サステナビリティに関する委員会を設置するなど，サステナビリティに関する取組みを全社的に検討・推進するための枠組みを整備しているか」（1−3）という要素が指摘されている。

　さらに，改訂版コーポレートガバナンス・コードでは，上記のようなサステナビリティに関するガバナンスにつき，取締役会が基本的な方針を策定し（補充原則4−2②），経営戦略の開示にあたって，自社のサステナビリティにつ

51　「スチュワードシップ・コード及びコーポレートガバナンス・コードのフォローアップ会議」により取りまとめられたもの。

いての取組みを適切に開示する（補充原則3－1③）ことが求められている。そのため，今後は取締役会がリーダーシップを発揮し，全社的な枠組みとして人権を含むサステナビリティへのコミットメントが期待されているといえる。

　なお，コーポレートガバナンス・コードは上記のとおり企業の行動原則を示すものであるが，機関投資家の行動原則としては，スチュワードシップ・コードが存在し，コーポレートガバナンス・コードとは「車の両輪」に当たるといわれることもある。2020年3月に公表されたスチュワードシップ・コードの改訂版（いわゆる「再改訂版」）においても，機関投資家が運用戦略に応じたサステナビリティ（ESG要素を含む中期的な持続可能性）の考慮に基づく対話を行うこと（原則1），企業において把握すべき社会・環境問題に関連するリスクへの対応につき，機関投資家が当該企業の状況を的確に把握すべきこと（原則3）が述べられている。

　上場企業としては，コンプライ・オア・エクスプレインの枠組みでこれらの事項についても対応することが求められる。特に人権や環境についてはグローバルにおける法規制の進展や社会的な意識の高まりにより，将来的に，企業にとって具体的なリスク管理状況も含めた開示が求められる可能性がある点にも注意が必要である。

⑸　人権デュー・ディリジェンス・ガイドラインの策定

　人権尊重の取組みの必要性に関する国際的な議論の高まりを受けて，2022年9月13日，日本政府は，企業が行うべき人権方針の策定や人権デュー・ディリジェンス等のガイドラインとして「責任あるサプライチェーン等における人権尊重のためのガイドライン」（「人権DDガイドライン」）を策定した。同ガイドラインは日本政府として初めてのセクター横断的な人権デュー・ディリジェンスの指針である。

　人権DDガイドラインは，ビジネスと人権に関する行動計画のフォローアップの一環として，2021年11月に経済産業省と外務省が共同で実施したアンケート「日本企業のサプライチェーンにおける人権に関する取組状況のアンケート調査」[52]において，日本政府によるガイドラインへの策定等への強い要望が示されたこと，および多くのステークホルダーから企業による人権尊重の取組促

進に関して日本政府によるイニシアチブを期待する声が上がっていた状況等を踏まえたものである。経済産業省は，人権デュー・ディリジェンスに関する業種横断的なガイドラインを策定することを目的として，2022年3月に「サプライチェーンにおける人権尊重のためのガイドライン検討会」を立ち上げており，筆者も委員として議論に加わった。その後，原案に対するパブリック・コメントの結果を踏まえ，各省庁が参加する「ビジネスと人権に関する行動計画の実施に係る関係府省庁施策推進・連絡会議」での検討を経て，「責任あるサプライチェーン等における人権尊重のためのガイドライン」が2022年9月に策定・公表されている。

　同ガイドラインは指導原則，OECD多国籍企業行動指針等の国際規範を踏まえ，すべての企業に対する指針を示すものであり，法的拘束力を有しないものではあるが，企業の規模や産業分野（セクター）を問わず実施が求められる指針を示すものである。本ガイドラインにおける「人権」とは，国際人権章典（世界人権宣言，「市民的及び政治的権利に関する国際規約」，および「経済的，社会的及び文化的権利に関する国際規約」）で表明されたもの，ならびに「労働における基本的原則及び権利に関するILO宣言」に挙げられた基本的権利に関する原則が含まれ，具体例としては，強制労働や児童労働に服さない自由，結社の自由，団体交渉権，雇用および職業における差別を受けない自由，居住移転の自由，人種，障害の有無，宗教，社会的出身，ジェンダーによる差別を受けない自由等が挙げられる。

　人権DDガイドラインが企業に対して求める対応は，大きく分けて人権方針の策定，人権デュー・ディリジェンス，救済（負の影響から生じた被害への対応）の3つであり，詳細については適宜第2章で紹介する。

(6)　その他の動向

　2021年10月に実施された，日本を含むG7貿易相会合では，国際的なサプラ

52　同アンケートでは，回答企業のうち約7割が人権方針を策定し，5割強が人権デュー・ディリジェンスを実施しているとの結果が公表されている。もっとも，上記アンケートは上場企業のみを対象としていること，回答率が必ずしも高くないことに鑑みれば，実際の実施状況はこれを下回っているように思われる。

イチェーンから強制労働を排除するとの共同声明が採択されている。同声明では特定の地域は言及されていないものの，中国新疆ウイグル自治区における人権抑圧への懸念が念頭に置かれていると考えられる。また，日本政府は，2023年1月，企業によるサプライチェーン上の人権尊重および国際的に認められた労働者の権利の保護等の促進を目的として，タイ米国通商代表とともに「サプライチェーンにおける人権及び国際労働基準の促進に関する日米タスクフォース」設置のための協力覚書（MOC：Memorandum of Cooperation）に署名し，国際協調を促進する姿勢を示している。

　さらに，経済産業省は，日本企業の海外取引先のリスクを検証するため，バングラデシュ，ベトナム，カンボジアなどアジア地域における生産現場にILOの専門家を派遣し，現地での従業員に対する人権配慮の状況等を確認するとしている。

企業に求められる取組み

1 概　観

グローバルの潮流としての人権コンプライアンスの取組みへの必要性は第1章で述べたとおりであるが，本章ではこれらの流れを受けて企業が行うべき取組みや留意点について紹介する。

2 人権方針の策定

人権方針（ポリシー）は企業が人権を尊重する一貫したメッセージを発するという意味で非常に重要である。人権方針の策定に必要な5つの要件について，指導原則16では以下のとおり規定されている（なお，人権DDガイドラインでもこれを受けて同様の要件が定められている）。

---

① 企業の経営トップによる承認がなされていること
② 社内外の適切な専門家により情報提供を受けたこと
③ 従業員，取引関係者およびその他企業活動・製品もしくはサービスに直接関係している者に対する人権配慮への期待が明記されていること
④ 一般に公開され，全従業員，取引先，出資者，その他関係者に周知されていること
⑤ 企業全体に定着させるために企業活動方針や手続に反映されていること

企業が人権方針を定めることで，企業が行っていくリスク評価やモニタリングの根拠規定となるとともに，取引先やビジネス・パートナーに対して当該方針の遵守を求めていくこと（場合により当該方針の遵守をサプライヤー等との契約書に定めること（後述する））により，サプライチェーンにおいて人権コンプライアンスを高める第一歩となる。

一方で，企業の人権方針の内容が人権コンプライアンス活動の実態と乖離する場合には，虚偽または誤解を与える表示であるとしてリーガル・リスクを生じさせる場合も考えられる上，自ら定めたコミットメントを実践していないと

して批判を受け得ることから，実態と乖離しないように方針を定めることも必要である。

　指導原則の解釈の手引き（問21）では，企業が人権方針により責任を果たすためのコミットメントを明らかにすべき理由として，(i)これが事業活動を行うための正統性のある最低基準であると経営陣が理解していることを，企業の内外に向けてはっきりと示し，(ii)すべての職員および企業が共に働くビジネス・パートナーその他の者がどのように行動すべきかに関して，経営陣の期待を明確に伝え，(iii)コミットメントを実行に移すための内部手続およびシステムの整備のきっかけであり，(iv)人権の尊重を企業の価値に組み込むための不可欠な第一歩である，とされている。

　このような観点からは，企業の人権に関する方針を広くステークホルダーに対して明らかにすることが求められるが，必ずしも「人権方針（または人権ポリシー）」として策定する必要はなく[1]，行動規範等企業の他のポリシーと統合する形で規定することも可能である（ただし，企業活動は調達活動には限られないことから，「調達方針（調達ポリシー）」に包含させることは適当でない場合が多いと思われる）。

　この点，人権DDガイドラインによれば，事業の種類や規模等は各企業によってさまざまであり，負の影響が生じ得る人権の種類や，想定される負の影響の深刻度等も各企業によって異なることから，人権方針の策定にあたっては，まずは，自社が影響を与える可能性のある人権を把握する必要があるとされている（また，このような見地から，たとえば，同業他社の人権方針を形式的な調整を行うのみでそのまま自社の人権方針として策定することなどは適切ではないとの指摘がなされている）。そして，こうした検討にあたっては，社内の各部門（例：営業，人事，法務・コンプライアンス，調達，製造，経営企画，研究開発）から知見を収集することに加えて，自社業界や調達する原料・調達国の事情等に精通したステークホルダー（例：労働組合・労働者代表，NGO，

1　この点については，人権DDガイドラインでも，人権方針という名称の単独の文書である必要は必ずしもなく，実質的に人権方針の要件を満たす文書でもよいが，人権方針に相当するものであることが対外的に明確な文書であることが望ましいとされている（同ガイドライン脚注41）。

使用者団体，業界団体）との対話・協議を行うことによって，より実態を反映した人権方針の策定が期待されている（人権DDガイドライン3.1）。

　人権に関する方針や行動規範を策定し，または行動指針等に人権に関する文言を織り込んでいる企業は近年増えているが，上記のような策定の趣旨を踏まえて，特に以下のような点に注意すべきである。

【人権尊重のコミットメント】
・企業がどのように人権を捉えているかが明確に示されているか
・人権侵害を容認しないとの方針が示されているか
【尊重される人権】
・指導原則のほか，依るべき国際人権基準が明示されているか
・尊重される人権の内容について明示されているか（なお，企業活動にとって重要と認識している人権の概要を示すこともあり得るが，指導原則の趣旨からは，あわせて国際的に認められたすべての人権を尊重するとの一般的なコミットメントについても明確に記載すべきである）
【人権方針の位置づけ】
・人権方針と他の内規との関係が明確に示されているか
・指導原則等の国際人権基準と国内法が矛盾した場合の対応について明記しているか（指導原則23(b)の趣旨により，これらが矛盾する場合には，国際的に承認された人権の原則を尊重し，双方の両立を目指した対策の検討が求められている）
【人権方針の適用範囲】
・人権方針の対象として，従業員だけでなく，指導原則で求められている取引関係者およびその他企業活動・製品もしくはサービスに直接関係しているステークホルダーの特定がされているか
・取引先に対しても人権方針の遵守を求めることが記載されているか（なお，取引先に対して人権方針の遵守を義務づけたり，人権方針を遵守する企業とのみ取引する方針を定めるか，人権方針の遵守を「期待する」ことの表明にとどめるかは各社間で差がある。理想的には前者のように人権方針を取引先にまで徹底することが望ましいものの，従前の実務等に照らして現実的でない場合もあると考えられるため，後者に加えて，後述する3の人権デュー・ディリジェンスの中で，取引先の重要性等に応じて要求の程度を変更することもあり得るであろう）
【人権デュー・ディリジェンスの実施】
・人権方針がどのようにリスクマネジメントの中で実施されるかを明示しているか

・判明・報告された人権リスクがどのように社内でエスカレーションされ，対処されるかを明示しているか
【ステークホルダー】
・ステークホルダーとの対話・協議を行うことを表明しているか
・人権侵害とその懸念について従業員やステークホルダーが報告した場合に，当該報告を理由に報復を受けないことを明示しているか
・人権方針が主要なステークホルダーにとって理解可能な言語となっているか（指導原則16の趣旨によれば，ステークホルダーに対する周知のため，主要なステークホルダーの言語において翻訳されることが期待される（ただし，企業の規模等によっては多数の言語となり，企業にとっての課題になり得る））
【苦情処理手続】
・人権侵害が発生した場合の企業における是正プロセス（救済手段）について明記しているか（さらに，当該救済手段が他の救済手段の行使を妨げないことを明記することも考えられる）

　また，人権方針の策定後は，これを社内に周知し，行動指針や調達指針等に人権方針の内容を反映すること，および，人権デュー・ディリジェンスの結果等を踏まえ，必要に応じて人権方針を改定することが求められる（人権DDガイドライン3.2）。

3 ▎人権デュー・ディリジェンス

(1)　人権デュー・ディリジェンスとは何か

　人権デュー・ディリジェンスとは，①人権への負の影響を特定・評価し（人権リスクの評価），②特定した（潜在的なものを含む）負の影響に対する予防措置または是正措置を実施し（是正措置の実施），③追跡調査（モニタリング）を実施し，④情報開示を行うという一連のプロセスである。
　人権リスクは自社のみならずサプライチェーンにまで及ぶ広範囲を対象として検討することが求められるものであり[2]，関与するステークホルダーからの要請もさまざまであることから，即時にすべてのリスクに対応することは困難であり，まずは，人権リスクの特定を行うこと，および特定した人権リスクにつ

【図表2-1】人権デュー・ディリジェンス

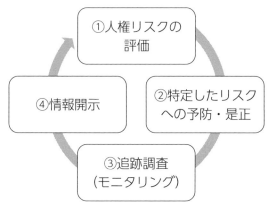

〈出典〉OECDデュー・ディリジェンス・ガイダンス図1をもとに筆者作成

　いてそれぞれのインパクトを評価し，自社が抱える課題のうち特に重要であり優先度が高いものを抽出するといった，リスクベース・アプローチで行うことが求められる（【図表2-1】①）。このようなリスクの優先順位づけについては，後述する人権への「負の影響」の深刻度，企業との関与の度合いなどが考慮要素となるが，企業がそのリスクベース・アプローチの内容を合理的に説明できることが必要となる。

　企業が人権デュー・ディリジェンスに取り組む際には，このようなリスクの特定・評価は，国や業種・セクターなど大きなカテゴリーごとの一次的なリスクの特定・評価のプロセス（スコーピング）と，人権リスクが高いカテゴリーにおけるより詳細なリスクの特定・評価のプロセスに分けることが有用と考えられる。その上で，特定されたリスクに対する予防・是正措置を講じるとともに（【図表2-1】②），継続的な変化の有無を確認するため，モニタリングを実施すること（【図表2-1】③）や，ステークホルダーへの情報提供として実施した取組みについて情報開示すること（【図表2-1】④）が一連のプロ

2　人権DDガイドラインでは，サプライチェーンとは，自社の製品・サービスの原材料や資源，設備やソフトウェアの調達・確保等に関係する「上流」と自社の製品・サービスの販売・消費・廃棄等に関係する「下流」を意味するものとされており，従来多くの企業において重点的に検討されていた，製品の調達過程など「上流」に限らない，広範囲を指すものである，とされている（同ガイドライン1.3）。

セスである。

　人権リスクは，契約やその他の合意が形作られる段階で増大または軽減され得るものであり，また合併や買収を通じて継承されるかもしれないことを考えると，新たな事業または取引関係を展開するにあたっては，人権デュー・ディリジェンスはできるだけ早く着手されるべきである（指導原則17解説参照）。ただし，一方で，人権リスクは時間の経過により変化する可能性があるため，新規事業や取引開始時に加え，事業における重要な決定または変更（例：市場への参入，新製品の発売，方針変更，または事業の大幅な変更）を行おうとする場合，事業環境の変化（例：社会不安の高まりによる治安の悪化）が生じていたり予見されたりする場合にも行うべきであるほか，定期的なモニタリングによりその後のリスク変化を見直し，評価することが重要である（指導原則18解説，人権DDガイドライン4.1.2.1参照）。

　この点，デュー・ディリジェンスについては指導原則17において以下のとおり定められており，企業の活動規模等を踏まえた個別の継続的なアプローチとすることが想定されている。

企業は，人権への悪影響を特定し，予防し，軽減し，対処方法を説明するために，人権デュー・ディリジェンスを実施するべきである。この手続は，現実のおよび潜在的な人権への影響の評価，調査結果の統合と対処，対応の追跡調査，対処方法の周知を含むべきである。企業による人権デュー・ディリジェンスは以下の要件を満たすべきである。
(a)　企業がその活動を通じ惹起または助長するおそれのある人権への悪影響，または取引関係による，企業活動，製品もしくはサービスに直接関連し得る人権への悪影響を含むこと。
(b)　その複雑さは企業の規模，人権に対する重大な影響へのリスク，企業活動の性質や状態に応じて異なること。
(c)　人権に関するリスクは企業活動の状態やその変遷により時間とともに変化する可能性があることを踏まえ，継続的に行うこと。

　上記(b)は企業の規模等により人権デュー・ディリジェンスの範囲や程度に関する裁量があることを示唆するが，各国の法制化等を踏まえて実務上企業に求められるデュー・ディリジェンスのレベルは厳しくなりつつある。とはいえ，

企業の規模等によっては1社だけで対応することが難しい場合もあるところ，近時はセクターでのイニシアチブの動きなどもあり，そのような他社との協同や業界レベルでの協調的スキームを検討していくことも，知識やノウハウの蓄積，コストやリソースの削減といった観点からは有用と考えられる。

　また，このような人権デュー・ディリジェンスのプロセスにあたっては，指導原則18において，内部・外部の専門知識の活用やステークホルダーとの協議が求められていること，社会的に弱い立場に置かれまたは排除されるリスクが高くなり得る集団や民族に属する個人に対する人権の特別の影響に特に注意を向け，女性と男性では異なるリスクがあり得るとされていることにも留意すべきである（指導原則18解説）[3]。

(2)　類型的な人権リスクの評価

　上記(1)のとおり，人権デュー・ディリジェンスはリスクベース・アプローチで行うことが期待されており，自社の事業・サプライチェーンのリスクを特定した上で，これらの優先順位を決定することが求められる。

　もっとも，そもそも「自社の事業・サプライチェーンのリスクを特定」するという行為自体が容易ではなく，これをどのように行うかについては，統一的な定めがあるわけではない。この段階では時間をかけすぎずに深刻度も含めたリスク評価のステップに移ることが望ましく，すべてのリスクを洗い出すことを試みるよりも，確認できた範囲で一次的なリスク評価を行うことが効率的なように思われる。

　この点，日本政府が2022年9月に策定・公表した人権DDガイドラインでは，以下のとおり，セクターのリスク，製品・サービスのリスク，地域リスク，企業固有のリスクといったリスク要素を考慮して，優先的に取り組むべき事業領域を特定することが挙げられている（同ガイドライン4.1.1）。

　なお，実際には，これらのリスク要素は重なり合う場合もある。また，類型的にリスクが低いと思われる分野でも人権リスクは発現する場合があること，

3　人権DDガイドラインにおいても，人権への負の影響の評価にあたっては，脆弱な立場に置かれ得る個人（外国人，女性や子ども，先住民族等）に対する潜在的な負の影響に特別な注意を払うべきとして強調されている（同ガイドライン4.1.2.2）。

【図表 2 － 2 】人権DDガイドラインのリスク要素

リスク	概　要
セクターのリスク	そのセクターの特徴，活動，製品および製造工程に起因するものとして，そのセクター内で世界的に広く見られるリスク
製品・サービスのリスク	特定の製品・サービスの開発または利用において使われる原材料等または開発・製造工程に関連するリスク
地域リスク	セクターのリスクをさらに高めると考えられる特定の国の状況。たとえば，ガバナンス（例：監督機関の強さ，法の支配，汚職の程度），社会経済状況（例：貧困率および就学率，特定の人口の脆弱性および差別）等
企業固有のリスク	特定の企業に関連するものである。たとえば，貧弱なガバナンス，人権尊重に関する過去の不十分な行動状況等

〈出典〉「責任あるサプライチェーン等における人権尊重のためのガイドライン」をもとに筆者一部修正

　さらに，時間の経過に伴う変化を把握する必要があることに留意する必要がある。

①　セクターのリスク

　従来，一般的に人権リスクが高いとされてきた業種の例としては，服飾・アパレル，農林水産業，清掃業，電力，資源採掘等が挙げられる[4]（なお，業種別の人権リスクについては本章11をあわせて参照されたい）。その背景としては，サプライヤーが複数階層に及ぶ結果，サプライチェーンの可視性が相対的に低くなりやすいセクター・業種や，労働集約型の業種（特に季節労働者が関与するものや，危険労働または肉体労働が伴うもの，熟練性を要求しない作業を含むもの，脆弱性が高いとされる移民労働者，女性や子どもによる労働力が用いられるもの）は典型的に人権リスクが高いと考えられる。また，一般的に，競争が激しく，継続的に価格低下の圧力がかかっている業種についても，労働力コストの削減が求められる傾向にあり，人権リスクが高まる。さらに，労働力

4　EU企業持続可能性デュー・ディリジェンス指令案（第3章8参照）では，OECD産業分野別のデュー・ディリジェンス・ガイダンスなどを根拠として "high-impact sectors" として記載されている。

の需要が季節や製品のライフサイクルによって大きく変動するような産業もリスクが高いとされる。

　なお，商社のように，グローバルに幅広い業種に参画している業態も存在するが，自社の事業全体から見れば取引金額や規模が相対的に小さい場合でも人権リスクが高く，サプライチェーンの中で間接的に人権侵害に加担する場合もあり得ることから，自社事業全体の中でのリスク分析が重要となる。

②　製品・サービスのリスク

　製品・サービスの中でこれまで強制労働や児童労働などの人権リスクが指摘されているものについては，相対的にリスクが高いと考えられる。製品・サービスのリスクについては，以下のように公表されている指標が存在するため，それらを用いている企業も多い。

・オーストラリアの人権団体であるウォーク・フリー財団（Walk Free Foundation）が作成しているGlobal Slavery Index（GSI）
・米国国際労働局（The Bureau of International Labor Affairs）が作成している，児童労働・強制労働によって生産された疑いがある製品およびその生産国のリスト（List of Goods Produced by Child Labor or Forced Labor）
・"Ending child labour, forced labour and human trafficking in global supply chains"（ILO等）
・"Children's Rights and Business Atlas"（UNICEF等）
・「国・地域リスト」（OHCHR）[5]

　この点，2018年版のGlobal Slavery Index（GSI2018）では，日本に輸入される製品の中で特に現代奴隷のリスクが高いものとして，電化製品，衣類，魚介類，カカオ，木材が挙げられている（これらの製品の輸入元としては中国，ベトナム，タイなどが上位とされている）。

　また，米国国際労働局が作成している「児童労働または強制労働によって生産された疑いがある製品およびその生産国のリスト」は随時更新されており，

5　https://www.ohchr.org/en/countries

新疆ウイグル自治区との関連において，2020年9月には繊維製品，トマト等の品目が追加されるとともに，2021年6月には太陽光発電パネルの製造向けのポリシリコンも追加されている（新疆ウイグル自治区において生産される製品のリスクについては，新疆ウイグルサプライチェーンビジネス勧告でも挙げられている（第4章2⑷参照））。

　さらに，自社のサプライチェーン上または同業他社において個別の製品・サービスについて紛争・係争が生じている場合や，ある製品・サービスが特定のリスクに関連していることを企業が認識している場合（たとえば，ステークホルダーとのエンゲージメント，NGOからの情報提供，苦情処理の仕組みを通じて入手することが考えられる），これらについても検討することが有用である。

　なお，製品（加工等の過程を経た最終製品を含む）が海外に輸出される可能性がある場合には，輸出先において人権侵害を理由とする輸入禁止等の措置がとられる場合があり，このような観点でも留意しておく必要がある（第4章参照）。この点に関連して，ウイグルにおける監視技術を利用した強制労働の懸念等から，監視技術と特に関連しやすい製品として，センサー，生体認証，データ分析（ソーシャルメディア分析ソフトウェア等），位置追跡技術，記録装置（ネットワーク監視システム等）が国務省のガイドライン[6]で挙げられているところ，輸出品についてはこれらの製品も特に留意を要するものになる。

③　地域リスク

　企業が多くの国で事業を行う場合やサプライチェーンが複数の国にわたる場合，まずは人権リスクが相対的に大きい国を特定し，当該リスク評価に基づき，より詳細な人権デュー・ディリジェンス（本節⑷参照）を行うことが考えられる。

　国・地域の人権リスクが典型的に高い場面として，主要な国際条約について未批准であるなど規制の枠組みが不十分であると考えられる場合，人権侵害に

6　U.S. Department of State "Guidance on Implementing the UN Guiding Principles for Transactions Linked to Foreign Government End-Users for Products or Services with Surveillance Capabilities"（2020年9月30日）

対する法の執行が制限されているなどガバナンス（監督機関・法執行機関の権限，法の支配，汚職の程度等）に関連する問題がある場合や，社会経済状況（貧困率および就学率，識字率，特定の人口の脆弱性や差別の存在），政治的状況（内紛状態にある等）により，国または地理的なリスクが認められる。特に国内で紛争が継続しているような場合には，紛争による政府機能の混乱や，「法の支配」の崩壊などが見られる可能性が高いことや，紛争の結果，インフラ，教育，食料，水へのアクセスが制限されている場合が多いこと等から，人権リスクも高くなる傾向にある[7]。

　また，大規模な国家開発プログラムのための大衆動員や民族的または宗教的にマイノリティに属する人々を対象とした労働・職業プログラム等を行っている国，政府・雇用主などの脅威等により，深度あるリスク評価を行うことができないことなども国のリスク要因となり得る[8]。

　地域リスク（国のリスク）に関連する指標としては，政府やNGOによりリストが公表されているものが複数あり，リスクを評価する上で参考になる。

　これらのリストとしては以下のようなものが挙げられる。

> ・米国国務省による人身取引報告書（Trafficking in Persons Report）および国別人権報告書（Country Reports on Human Rights Practices）
> ・オーストラリアの人権NGOであるウォーク・フリー財団により作成されている現代奴隷指標（GSI：Global Slavery Index）
> ・米国NGOにより作成されている自由度リスト（Freedom House List）

④　企業固有のリスク

　特定の取引先（間接的な取引先を含む）等が人権侵害を理由とした制裁を受けている場合（第4章参照），従前の監査やアンケート等のモニタリングの過程で人権リスクが特定されている場合，NGOを通じたりグリーバンス・メカニズム（申告窓口）が用いられたりして人権リスクに関する申告がある場合な

7　Global Slavery Index 2018参照。
8　欧州委員会が2021年7月に発出した「EU企業が事業活動やサプライチェーンにおける強制労働のリスクに対処するためのデュー・ディリジェンスについて」（2021年7月12日）

ど，相対的にリスクが高い企業に対しては，このような企業固有のリスクに着目し，より詳細なデュー・ディリジェンスを行うことが考えられる。

(3)　人権リスクに関する優先順位の設定

①　蓋然性（発生可能性）×深刻度の視点

企業活動において，実際には人権リスクが全く存在しない，あるいは単一の人権リスクしか存在しない場合は皆無であると思われる。そのため，企業の事業およびサプライチェーンにおける類型的な人権リスクとして一次的に複数の人権リスクが特定される場合には，「蓋然性（発生可能性）×深刻度」により優先順位を策定することが求められる。

このうち人権リスクの場合には，「深刻度」が支配的な要因であるとされている[9]ところ，深刻度に関する評価指標としては，基本的に，【図表2－3】の基準により判断される（人権DDガイドライン4.1.3.2）。

【図表2－3】深刻度に関する評価指標

基準	意味	考慮事項の例
①　規模	人権に対する負の影響の重大性	・侵害の性質や背景 ・侵害の態様 ・被害者の状況
②　範囲	負の影響の及ぶ範囲	・負の影響を受ける人々の人数 ・負の影響を受けるグループやコミュニティの大きさ
③　救済困難度	負の影響が生じる前と同等の状態に回復することの困難性	・負の影響からの救済が可能である程度（たとえば，補償または被害回復による救済が想定される） ・負の影響が生じる前と同等の状態に回復するために求められる行動の迅速性の程度

ただし，これらの深刻度の評価にあたっては，企業にとっての人権リスクではなく，被侵害者にとっての人権リスクの深刻度を考慮すべき点にも留意が必要である。すなわち，被侵害者の生命・身体への侵害のリスクが重大であれば

9　人権尊重についての企業の責任―解釈の手引き―Ⅰ主要概念

深刻度が高いと考えられ，この点で，企業にとっての損害の大小と必ずしも一致しない可能性がある。たとえば，強制労働や児童労働は深刻度が高い人権リスクとして評価されることが多いが，それは規模や範囲の観点に加え，強制労働は人の生命・身体への重大な侵害となり得る点で救済困難度が高く，また児童労働も同様に生命・身体への重大な侵害となり得るとともに児童の就学機会を奪うことになる可能性がある点で救済困難度が高いとされることが背景にあると考えられる。

　また，企業活動との関連性という意味では，第1章3(1)で述べた人権リスクを生じさせる類型（引き起こす／助長する／直接関連する）のうち，一般的に，引き起こす→助長する→直接関連する，の順に企業活動と人権リスクとの結びつきが強いと考えられることから，より対応が求められているといえる。

②　OECD衣類・履物セクターにおける責任あるサプライチェーンのためのデュー・ディリジェンス・ガイダンス（OECD衣類・履物ガイダンス）によるアプローチ

デュー・ディリジェンスにおける優先順位づけのプロセスについて，OECD衣類・履物ガイダンスは以下のようなアプローチを提案しており，他のセクターにも共通する考え方として，参考になる[10]。

【企業が多くの製品品目を有する場合】
　企業は，まずそのビジネスの中核である製品品目，または害悪の最も重大なリスクを持つと思われる製品品目に関連する害悪のリスクを調べることが奨励される。リスク特定と対応を実施したら，他の製品品目に関連するリスクの特定・対応に移るべきである。企業が部品から構成されるような複合製品を販売する場合，企業はまず，完成品の最重要コンポーネントに関連する害悪のリスクを特定する。たとえば，企業がジッパーと飾りボタン付き革ジャケットを販売している場合，企業は最初に皮の調達，染色と仕上げプロセス，そして完成品の製造にフォーカスすることができる。
【企業が多くの国で操業または調達する場合】
　企業は影響のリスクが最も大きい国を特定し，そのリスクの評価に基づいて，

10　優先順位の付け方はあくまで一例である点に留意されたい。

調査実施に含まれる調達国に優先順位を付けることが奨励される。

【企業が原材料等の生産材料の原産国を把握していない場合】

　情報がある場合，企業は原材料の取引の流れを特定し，サプライチェーンの材料加工者に販売される原材料の原産国を判定することができる（たとえば，所定の国で操業する紡績工場向けに，大部分の綿花が購入される場所のマッピング）。大規模な多国籍企業が取引する商品の場合，国際的商品取引業者（綿花取引業者など）へのつながりを探し，それらの取引業者が，材料加工者のいる国に販売する原材料をどこで調達しているかの情報を求めることができる。

【小売業者】

　企業は，自社ブランドおよび販売はするが所有していない製品に関しても，デュー・ディリジェンスを行うべきである。所有していないブランドの場合，企業はそれらのブランドがデュー・ディリジェンスを行っているかどうか，また，そのデュー・ディリジェンスがどの程度か，について情報を集めることができる。企業が多くのブランドを販売している場合，まず，最大の商品構成比を占めるブランド，または害悪の最大リスクを持つ製品を優先することができる。企業は，販売はするが所有していないブランドに関連する害悪のリスクを緩和するために，長期にわたる組織的な措置を確立することが奨励される。たとえば，事前認定プロセスを設け，販売するブランドに関するデュー・ディリジェンスの見直し措置を含むことができる。

【ライセンサー】

　企業が，他の企業に商標使用を許諾した場合，特定のステップは異なることもあるが，企業は商標付製品に関するデュー・ディリジェンスを行う責任がある。たとえば，ライセンサーはライセンシーに対し，同ガイダンスに従ってデュー・ディリジェンスを行うよう要求できる。ライセンシーが中小企業の場合，必要に応じて，デュー・ディリジェンスを行うライセンシーの能力を高めることが奨励される。企業は，その商標付製品に関連する害悪のリスクを緩和するために，長期にわたる組織的な措置を確立することが奨励される。たとえば，企業は，ライセンシーに関する事前認定プロセスを設け，彼らのデュー・ディリジェンスの見直し措置を含むことができる。

⑷　高リスクの場合のより詳細なデュー・ディリジェンス

　上記⑵⑶の一次的な人権リスク評価の結果，人権リスクが相対的に高いと判断された場合には，当該部分についてより詳細なデュー・ディリジェンスを行うことが望ましい。具体的には，高リスクのビジネスに関する既存の取引のリスク評価（既存の取引に関する商流の特定，人権侵害の有無の評価等），新規

取引に関するサプライヤーの審査プロセスの見直し，既存サプライヤーに対するアンケートや監査の実施，ステークホルダーとの対話等が考えられる。

　また，既存サプライヤーとの関係では，特に人権リスクが高いと考えられる取引について個別に契約条項による保証を求め，あるいは誓約書を取得すべき場合も想定されるが，誓約の対象についてどこまで求めるべきかについては，当該製品・サービスが使用される地域や，具体的な製品・サービスに関するリスクに応じたものとすることが求められる。

　この点，EUの強制労働のリスクに関するデュー・ディリジェンス・ガイダンス（第3章8(2)参照）では，高リスクのサプライヤーまたはサプライチェーン・セグメントの詳細なリスク評価を実施する際の留意点として，以下の点が推奨されている。

・サプライヤーが利用しているあっせん業者や，高リスク地域において原材料を調達したり（サプライチェーンの）上流で事業を行う取引先などの「チョーク・ポイント」（戦略的に重要な部分）を徹底的に評価するなど，リスクが高い部分のチェックを強化する。
・リスクの高い分野では，労働組合，市民団体，その他の専門家との広範なステークホルダー・エンゲージメントを実施する。
・高リスク分野の担当者やサプライヤーに対するトレーニング，およびサプライヤーの事前資格審査を強化する。
・情報収集と労働環境評価の実施のために，独立した抜き打ちでの労働現場および労働者へのアクセスを確保する。
・安全な環境で，管理職の立ち会いなしに，必要に応じて通訳を介して労働者を面接する（例：移民労働者や少数民族に属する労働者の場合）。

---

(5)　人権デュー・ディリジェンスの考慮事項

　人権デュー・ディリジェンスにおけるリスクの特定・評価を行うにあたって，特に考慮すべき事項について補足する。

①　脆弱な立場にあるステークホルダー
デュー・ディリジェンスを実施するにあたっては，ジェンダーの課題につい

ても組み込むことを考慮することが推奨される[11]。特に女性が深刻な差別に直面している状況や，紛争中・紛争後の地域においては，女性が負の影響を相対的に受けていることが考えられる。そのため，デュー・ディリジェンスの実施にあたり男女別の情報を収集する（本節(6)参照），ステークホルダーとの対話にあたり女性の参加を支援するなど，デュー・ディリジェンスの実施においても調整が望まれる（OECDデュー・ディリジェンス・ガイダンス附属書Q 2参照）。

　また，女性に限らず，一般的に脆弱な立場に置かれ得る個人（例として外国人，子ども，障害者，先住民族，民族的または種族的，宗教的，および言語的少数者）はより深刻な負の影響を受けやすい点に留意することが望ましい（人権DDガイドライン4.1.2.2参照）。

②　サプライチェーンの構造

　サプライチェーンの中に下請業者や仲介業者が入る場合（仲介手数料が付加されている場合）やサプライチェーンが複雑である場合，契約金額が多額で長期にわたる場合には取引形態による人権リスクが高いと考えられる。通常，サプライチェーンが長ければ長いほど，労働力の介在により人権リスクが発現する可能性が高くなる上，サプライチェーンが長く複雑になることで，サプライチェーンにおける労働慣行が不透明となり，製品・サービスの購入企業や一般消費者が，サプライチェーンの下層部分で人権侵害が行われていないかどうかを監視することが困難となる傾向がある。オフショアリング（海外調達）や，下請業者への依存，下請業者が独立したサプライヤーとの口頭での合意に依拠している場合など，サプライチェーンの下位層での契約がインフォーマルになる場合も，こうしたサプライチェーンの非透明性は高まる。

　さらに，労働者のあっせん業者がサプライチェーンの中に入る場合には，あっせん業者が労働者から多額のあっせん費用を徴収し，借金返済のために労働者が働かざるを得ない場合や，労働条件について実際と異なる情報を提供されて雇用関係に入るといった事態が問題視されており，人身売買等のリスクが

11　EUの強制労働のリスクに関するデュー・ディリジェンス・ガイダンスでもジェンダーに関するデュー・ディリジェンスが推奨されている（第3章8(2)参照）。

高いことが指摘されている。

③　紛争地域における考慮

　武力紛争が生じている地域や犯罪者集団による広範な暴力または深刻な危害が人々に及ぼされている地域等においては，従業員等のステークホルダーが潜在的な負の影響を受ける可能性や，企業が意図せず人権侵害に加担してしまう可能性がある。また，紛争等の影響を受ける地域から企業が撤退する場合，新規参入や買収等により撤退企業を代替する企業が登場しないことも十分に想定され，消費者が生活に必要な製品・サービスを入手できなかったり，撤退企業から解雇された労働者が新たな職を得ることが一層難しくなったりするなど，撤退により人権への負の影響が生じる可能性があり，慎重な責任ある判断が必要であると指摘されている。この点については，特に撤退を含む人権リスクへの対応の過程で問題となることが多く，本章14で後述する。

⑹　人権リスクに関する情報の収集

　人権リスクに関する情報については，本節⑵に挙げた公表情報のほか，ステークホルダーとの対話，グリーバンス・メカニズム（申告窓口）への申告等により得ることができる。

　この点に関連し，国連人権高等弁務官事務所（OHCHR）は，持続可能な開発目標（SDGs）に向けた進捗状況のモニタリングを支援することを目的として，データ収集に関する人権ベースのアプローチのための6つの原則を示すガイダンスノート（A Human Rights-Based Approach to Data）を2016年4月に公表している。同ガイダンスの中では，データ収集のアプローチに関する原則として，①データ収集プロセスへの参加，②データの細分化，③自己決定，④透明性，⑤プライバシー，⑥データの収集と使用に関する説明責任（accountability）の6つを挙げている。それぞれの概要および留意点は以下のとおりである。

①　データ収集プロセスへの参加
　データの収集や分析の過程において，関連する集団（特に脆弱性を有する，あ

るいは差別の対象となり得る集団）からの参加を得ることが推奨される。

② 　データの細分化

　カテゴリーにおける不公平や差別の有無を特定するためには，国際人権基準に
おいて差別等が認識されている要素（性別，年齢，民族，移民，障害，宗教，市
民権，収入，性的指向，ジェンダー・アイデンティティ）に分解してデータ分析
を行うことが推奨される。

③ 　自己決定

　データ収集の対象となる個人において，自分の特性に関する情報を開示するか
を自分自身で選択することが可能であることが推奨される。過去に政府が収集し
たデータが悪用され人権侵害につながった事例が存在したことに鑑み，データ収
集活動により個人にとって負の影響を与えることがあってはならないとされてい
る。

④ 　透明性

　データの収集方法に関する情報が公表されることが推奨される。

⑤ 　プライバシー

　収集された個人の回答や個人情報の機密性が確保され，個人情報の公開にあっ
ては本人の同意を得た上で行われるべきである。

⑥ 　データの収集と使用に関する説明責任（accountability）

　データ収集を行った場合，データ収集の結果やデータ収集による影響について
も説明責任を果たすことが求められる。

4 ┃負の影響への対処

　企業が特定した実際のまたは潜在的な人権への負の影響については，これを
予防し，または軽減することが求められる。このうち予防とは，人権リスクが
そもそも生じないようにするための活動であり，軽減とは，リスクが発生した
場合に影響を少なくするための活動を意味する。

　企業に求められる対応は次頁の【図表 2 - 4 】のとおり，企業の関与の度合
いにより必要な手段をとるべきとされている。

　また，被害を受けた当事者に対しては，企業がとった対応措置が適切である
かを判断するために十分な情報を提供することが求められる。

　企業は，人権への負の影響の特定・評価や防止・軽減等の対応状況を評価す
ることが求められるところ，評価にあたっては，自社従業員やサプライヤー等

【図表2−4】負の影響に対して求められる対応

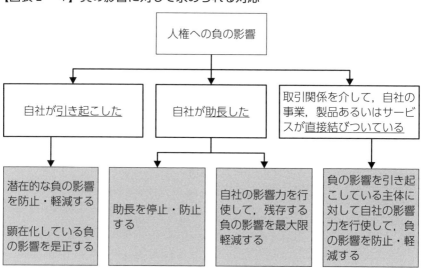

へのヒアリング，質問票の活用，自社・サプライヤー等の工場等を含む現場への訪問，監査や第三者による調査等を通じ，自社内の各種データ（苦情処理メカニズムにより得られた情報を含む）のほか，負の影響を受けたまたはその可能性のあるステークホルダーを含む，企業内外のステークホルダーから情報を収集することが求められる（人権DDガイドライン4.3）。

5 人権リスクの対応に関する情報開示

　企業が人権デュー・ディリジェンスを行い，人権リスクの評価・対応を行った場合，指導原則21では，以下のとおり，人権リスクへの対応結果についての情報開示（情報提供）が求められている。

　企業は，人権への悪影響にいかに対処するか明らかにするため，特に悪影響を受けた利害関係者またはその代理人から懸念が表明された場合，その対処方法の外部への情報提供を可能にしておくべきである。その活動や活動状況が人権への重大な悪影響を引き起こすリスクがある企業は，対処方法につき正式な報告をす

べきである。すべての場合において，対処方法の情報提供は以下の事項を満たすべきである。

(a)　形式や頻度が，企業の人権への悪影響に応じたもので，想定された情報提供先にも入手可能であること。

(b)　人権への悪影響に対する企業の対応の妥当性について，個別案件ごとに評価が可能なだけの情報提供がなされること。

(c)　情報提供により，影響を受けた利害関係者，従業員，もしくは正当な要請である商業上の秘密へのリスクが伴わないこと。

　この点，人権尊重の取組みについて情報を開示していくことは，仮に人権侵害の存在が特定された場合であっても，企業価値を減殺するものではなく，むしろ改善意欲があり透明性の高い企業として企業価値の向上に寄与するものであり，また，ステークホルダーから評価されるべきものでもあり，企業による積極的な取組みが期待される（人権DDガイドライン4.4）。

　企業の実務上，人権に関する情報開示（情報提供）は，企業が年次で公表するCSR報告書や自社ウェブサイトへの公表によりなされていることが多い（なお，一部の企業では人権報告書として人権に関する取組みに限った年次報告書を公表している場合もある）。

　企業にとって人権リスクをどの程度まで具体的に記載するかは悩ましい問題であるが，人権リスクの特定または対応等を行った個別のサプライヤーや取引関係，対話の具体的な相手方については名称が特定される形で公表することは必須ではなく，法令や契約，関係者のプライバシー等に照らして不適当な場合もあると思われる。もっとも，指導原則の趣旨からすれば，情報提供は形式的なものではなく，実質的に人権リスクへの取組内容がわかるようなものであることが求められるであろう。

　また，指導原則をもとに人権報告とアシュアランスのフレームワーク・イニシアチブ（RAFI：Reporting and Assurance Frameworks Initiative）により策定された国連指導原則報告フレームワークでは，報告原則として進行中の改善内容を説明することや関連地域の事例をバランスよく提供すること等を挙げている。

　また，情報提供の頻度に関連して，人権DDガイドラインでは，ステークホ

ルダーに対する情報提供は，定期でも非定期でもよいが，1年に1回以上であ
ることが望ましいこと，および特に負の影響を受けるまたは受けたステークホ
ルダーに対して情報を提供する際には，オンライン形式を含む面談等を行うこ
とが考えられることを述べている。

6 ┃ ステークホルダーとの対話(ステークホルダー・エンゲージメント)

　人権デュー・ディリジェンスの特徴として，ステークホルダーとの対話（ス
テークホルダー・エンゲージメント）が主要なポイントのうちの1つになって
いる。その趣旨は，リスク評価にあたり，より負の影響やリスクの発生現場に
近い的確な情報を得ることにより，企業のステークホルダーに対するインパク
トを適切に評価することにある。また，企業にとってもステークホルダーとの
対話を行うことにより，人権リスクが発現して大きな問題となる前に人権課題
を特定し，対処することが可能となる点でメリットがあると考えられる。
　この点，指導原則18では人権リスクの特定・評価におけるステークホルダー
との対話について以下のように規定しており，情報収集のプロセスとして，企
業単独で完結しない仕組みになっていることを前提としている。

　企業は，人権に関するリスクを測るため，企業活動を通じてまたは取引関係の
結果として企業が関与した，いかなる現実のまたは潜在的な人権への悪影響も，
特定し，評価すべきである。その手続は以下の事項を満たすべきである。
(a) 社内および／または独立した社外の人権専門家の知見を活用すること。
(b) 企業の規模や業務の性質・状況に応じ，人権への悪影響を潜在的に受ける集
　団やその他の利害関係者との有意義な協議を含むこと。

　このようなステークホルダーとの対話は，面談等によるステークホルダーと
の協議の機会を設けること（場合により第三者がこれを実施することも考えら
れる）のみならず，文書による調査，消費者とのやりとりについてお客さま相
談室を通じた対応を行うなど，さまざまな手段で実施することが可能であるが，
バイアスのかかっていない多角的で正確な情報を得るという観点からは，複数

の手段を設けることが望ましいと考えられる。

　また，特に人権リスクに対して先行して取り組んでいた欧州企業等は，地域住民やNGOといったステークホルダーとの対話を積極的に行っている企業も多い一方で，日本では継続的にこのような取組みを行っている企業は必ずしも多くなく，今後の課題の1つとなると思われる。

7 ▎追跡調査

　人権への負の影響について対処されているかを検証するため，企業はその対応の実効性を追跡調査すべきとされている（指導原則20）。指導原則20では，このような追跡調査について，適切な質的・量的指標に基づいていること，および人権への悪影響を受けた利害関係者を含む社内外からの意見を活用していることを要件としている。

　このような追跡調査はステークホルダーへの説明の観点からも重要であるとされており[12]，追跡調査の指標としては，OECDデュー・ディリジェンス・ガイダンスでは以下のような指標が例として挙げられている。

・影響を受けたステークホルダーで企業が関与したうち，負の影響が適切に対処されたと感じているステークホルダーの比率
・合意されたアクション事項のうち，予定されたタイムラインに従って実施された比率／数
・影響を受けたステークホルダーのうち，苦情を提起するルートが利用しやすく，公平かつ有効であったと感じている者の比率
・特定された負の影響が再発した比率

---

8 ▎グリーバンス・メカニズム（申告窓口）の整備

　グリーバンス・メカニズム（申告窓口）の設置は，人権リスクがサプライ

12　人権尊重についての企業の責任―解釈の手引き―問48。

チェーン全体の非常に広範にわたる中，ステークホルダーが司法による解決へのアクセスが困難な場合もあり得ることから，早期救済や人権リスクの早期解消のために，重要な制度である。

　指導原則31では，グリーバンス・メカニズムに求められる要件として，①正当性，②利用可能性，③予測可能性，④公平性，⑤透明性，⑥権利適合性，⑦持続的な学習源，⑧ステークホルダーとのエンゲージメントと対話，の各要素が必要であるとしている。このうち⑧は企業によるグリーバンス・メカニズムのみに当てはまる要件であるが，①ないし⑦の要件は，国家による非司法型のグリーバンス・メカニズムと企業のグリーバンス・メカニズムの双方に当てはまるものとされており，それぞれの概要は以下のとおりである。

①正当性：利用者であるステークホルダー・グループから信頼され，苦情プロセスの公正な遂行に対して責任を負うことをいう。この点に関連する取組みとして，関連する社内からの申告については人事を扱う部署ではなくCSR関連部署が取り扱うこととしている企業もある[13]。

②利用可能性：利用者であるステークホルダー・グループすべてに認知されており，アクセスする際に特別の障壁に直面する人々に対し適切な支援を提供することをいう。この点に関連する取組みとしては，多言語に対応した窓口の設置などが挙げられる。

③予測可能性：各段階に目安となる所要期間を示した，明確で周知の手続が設けられ，利用可能なプロセスおよび結果のタイプについて明確に説明され，履行を監視する手段があることをいう。

④公平性：被害を受けた当事者が，公平で，情報に通じ，互いに相手に対する敬意を保持できる条件の下で苦情処理プロセスに参加するために必要な情報源，助言および専門知識への正当なアクセスができるようにすることをいう。

⑤透明性：苦情当事者にその進捗情報を継続的に知らせ，またその実効性について信頼を築き，危機にさらされている公共の利益を守るために，メカニズムのパフォーマンスについて十分な情報を提供することをいう。

⑥権利適合性：結果および救済が，国際的に認められた人権と矛盾せず，これに適合していることを確保することをいう。

⑦継続的学習源：メカニズムを改善し，今後の苦情や被害を防止するための教訓を明確にするために使える手段を活用できるようにすることをいう。

13　外務省「『ビジネスと人権』に関する取組事例集」（2021年9月）

⑧ステークホルダーとのエンゲージメントと対話：利用者となるステークホルダー・グループとメカニズムの設計やパフォーマンスについて協議し，苦情に対処し解決する手段として対話に焦点を当てることをいう。

　企業にとって網羅的に人権リスクを把握することが困難な中，グリーバンス・メカニズムは，上記のとおり，早期のリスク発見のための補充的な手段としても機能する。指導原則の解説においても，このような苦情処理メカニズムの意義として，問題が人権侵害の訴えやその他の基準の違反に至るような水準に到達する前に，また個人やコミュニティの苦情の意識がエスカレートする前に，懸念を受け付け，取り組むことが可能となることが挙げられるとともに，企業がステークホルダーの懸念やステークホルダーの人権に与える影響を真剣に捉えていることを示すことにより，これらのステークホルダーとの前向きな関係を構築することにも役立つとされている[14]。また，たとえば，業者間のマッチングのためのオンラインプラットフォームを提供するサービス等，関与が間接的と評価できるサービスについても，グリーバンス・メカニズムを用いることで補完的に機能する場合がある。

　現在では国内企業の多くは，内部通報制度を備えているため，当該窓口を拡充することにより活用することも可能であるが，指導原則の趣旨からはステークホルダーに対して広く窓口を開くことが求められることから，自社の役職員に限らず申告を受け付ける体制を構築することが重要である（なお，近時このような内部通報制度に取引先を含む動きが見られ，それ自体は早期に人権リスクを把握するための制度としても評価できるが，グリーバンス・メカニズムを備えるという観点からは企業のステークホルダーは直接的な取引先に限られないことから，取引先を含むことのみによってグリーバンス・メカニズムを十分に備えているとは評価しがたい点に留意すべきである）。

　取組みが先行している企業の中には，企業内に独自の窓口を設置し，ステークホルダーからの多言語での申告を可能にするほか，定期的に申告の概要等を公表している企業もある。ただし，企業が単独で多言語を使用可能なグリーバ

14　人権尊重についての企業の責任―解釈の手引き―問69。

ンス・メカニズムを備える場合には，コストや人的負担が重い場合もあるように思われ，一部では業界団体やサプライヤー団体において企業が利用可能な窓口を設置する動きも見られる。

　なお，指導原則の解釈の手引きでは，このようなコストの負担等を踏まえ，人権への影響が限定的な中小企業については，人々に知られている利用可能なEメールアドレスや電話番号を利用可能とすることなどでも十分である旨の示唆がなされている（問52）。

　また，グリーバンス・メカニズムを通じて人権リスクに関する情報が寄せられた場合には，これに対して救済等の対処を行うだけでなく，その後の人権リスク評価のアップデートにつなげていくことも重要である。

9 ▌人権リスクに対する是正・救済

　企業が人権リスクを引き起こし，または寄与したことを特定した場合には，当該リスクによる悪影響の結果を自ら是正し，または自社のみでの是正が困難な場合には，是正に協力することが求められる。この点，指導原則22では「企業は，負の影響を引き起こしたこと，または負の影響を助長したことが明らかになる場合，正当なプロセスを通じてその是正の途を備えるか，それに協力すべきである」と定められている。

　また，人権の被侵害者に対する救済は，人権リスクに関して発生した悪影響の重大性や規模，当該人権リスクにおける企業の関与の程度に比例して行われるべきであり，企業が当該人権リスクに対して行使し得る影響力の大きさも考慮要素となる。複数の救済措置が採り得る場合には当該人権リスクに関し悪影響を受けた者との協議を行った上で採るべき救済手段を判断すべき場合もあるであろう。また，すでに法的手段や国家による司法手続等が進行している場合には，当該手続の中で解決を図ることが有効な場合もあると考えられる。

　適切な救済の種類または組み合わせは，負の影響の性質や影響が及んだ範囲により異なり，人権への負の影響を受けたステークホルダーの視点から適切な救済が提供されるべきである。具体例としては，謝罪，原状回復，金銭的または非金銭的な補償のほか，再発防止プロセスの構築・表明，サプライヤー等に

対する再発防止の要請等が挙げられる（人権DDガイドライン５）。

　この点に関連して，指導原則22の解説では，犯罪があったと申し立てられている場合には一般的に司法メカニズムとの協力が推奨されている。EUの強制労働のリスクに関するデュー・ディリジェンス・ガイダンスにおいても，強制労働の被害者に対する救済に際しての考慮事項として，特定された行為が犯罪に当たる場合には，所管する捜査当局に報告するシステムを導入することが推奨されている。

　なお，救済に際しての企業間の協働においては，場合により各国の競争法違反と解釈され得る活動を回避するために事前措置を講じるべき場合があることにも注意が必要である。

10 人権リスクとサプライヤー管理

　人権デュー・ディリジェンスの実施において，サプライチェーンのリスク評価は中核となる評価対象のうちの１つである。ここでは上述した指導原則等に基づく人権デュー・ディリジェンスをサプライヤー管理の文脈でどのように用いるのかについて紹介する。

(1)　サプライヤー管理の意義

　サプライヤーとは，原材料，部品等の供給元，取引先のことをいい，サプライチェーンとは，原材料等の調達・製造・販売・消費・廃棄といった業務プロセスの一連の流れを，１つの供給の鎖（チェーン）として捉えるものである。たとえば製造業におけるサプライチェーンは【図表２－５】のような過程をたどることが一般的である。

【図表２－５】製造業におけるサプライチェーン（例）

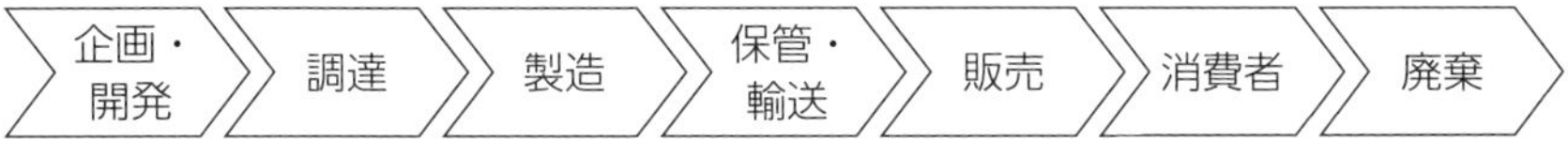

企画・開発 ▷ 調達 ▷ 製造 ▷ 保管・輸送 ▷ 販売 ▷ 消費者 ▷ 廃棄

　この点，EU企業持続可能性デュー・ディリジェンス指令案等，第３章で取

り上げる一部の法令では，バリューチェーンにおけるデュー・ディリジェンスの義務化を求めている。バリューチェーンとは，消費者等の顧客へ製品やサービスを提供する企業活動について，企画・調達・製造・販売等といったそれぞれの業務が連鎖的につながり，最終的な価値が生み出されるとする考え方であるが，最近では，その範囲に大きな差異を設けずに2つの用語が使われている場合も見られるため，本書でもサプライチェーンとバリューチェーンを厳密に区別せず用いることとしている。

　日本のサプライチェーンは従前，長く複雑であることが特徴的であるといわれ，国内企業のうち間接的なサプライヤーまですべて把握している企業は少なかったが，人権デュー・ディリジェンスが一次サプライヤーに限定されるものではなく，またサプライヤーの把握がリスク評価の前提となることから，間接的なサプライヤーまで把握する取組みを行う企業が近時の流れを受けて増加している。また，自社のサプライチェーンを公開する企業も徐々に増えている。

　人権デュー・ディリジェンスは，自社企業のみならず，サプライチェーン全体における人権リスクの検討・対応を求めるものである。そのため，適切なリスク分析を実施するためには，自らの事業活動やサプライチェーンにおける取引関係の性質や範囲について，透明性を確保することがファーストステップとして重要である。

　たとえば，後述するドイツのサプライチェーン・デュー・ディリジェンス法（第3章5参照）のリスク分析に関するガイドライン[15]においては，企業はサプライチェーンの透明性を高めるために，次頁の【図表2-6】の基本情報を把握することが推奨されている。

　また，サプライチェーンが長く複雑である場合には，このような前提となる基本情報の取得の入手に時間を要する場合もあり，情報収集のためのリードタイムを確保する必要がある。

15　Risiken ermitteln, gewichten und priorisieren – Handreichung zur Umsetzung einer Risikoanalyse nach den Vorgaben des Lieferkettensorg-faltspflichtengesetzes
16　なお，サプライヤー管理にあたっては独占禁止法（優越的地位の濫用等）や下請法に違反しない限度で行う必要がある点にも留意されたい。

【図表2－6】サプライチェーンにおける透明性を高めるために把握すべき基本情報

企業体制	重要な影響力を行使しているすべてのグループ会社の名称と業種 グループ会社の以下の情報 　－担当者名（氏名，メールアドレス） 　－事業拠点／所在地（国） 　－製品・サービスの種類 　－生産活動の状況 　－売上高 　－従業員数
調達体制	調達品目（製品，原材料，サービス） カテゴリーごとの調達品目・サービスの定義 カテゴリーごとの調達国 調達品目別および国別の直接調達先数 直近の事業年度における調達品目ごとの発注量
事業活動の種類と範囲	企業が生産，販売，提供している製品・サービスの中で売上高が最も高い製品・サービス 関連する企業のサプライチェーンと主要な取引関係 現在の活動国と調達の概要

(2)　調達の各段階でのサプライヤー管理

　調達の各段階でのサプライチェーンの人権リスク評価の手法をまとめると【図表2－7】のようになる[16]。

【図表2－7】調達の各段階でのサプライチェーンの人権リスク評価の手法

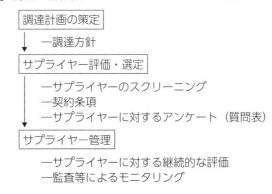

(3)　調達方針

　調達方針は，基本的な人権尊重の方針を明確にするとともに，調達先に対する人権尊重への期待を表明することにより，サプライヤーに理解を求めるものである。企業によっては，人権のみならず環境や腐敗防止等に関する課題を包含する形でCSR調達方針，サステナビリティ調達方針等を策定しているところも見られるが，いずれの形であっても，人権に関するサプライヤーへの期待（特に，基本的な人権課題である強制労働，児童労働，差別，ハラスメント，賃金，労働時間，職場の健康と安全等）に関する遵守を盛り込むことは重要である。

　もっとも，調達方針を策定・開示しただけでは，必ずしも当該サプライヤーから理解を得られるとは限らない。サプライヤーと新たな契約を締結する際に調達方針の同意に関する署名を求めることや，調達方針をサプライヤーとの契約条件に組み入れ，契約内容として調達方針の遵守を求めていくことも実効性確保の手段として考えられる。

　また，セクターによっては，電子機器業界を中心とするRBA行動規範など，業界基準での行動規範が策定されている場合もあり，これらの遵守を調達方針に盛り込むことも考えられる。

(4)　サプライヤーの評価・選定

①　サプライヤーのスクリーニング

　サプライヤーを新規に選定する場合には，当該サプライヤーにおける人権リスクのスクリーニングを行うことが望ましく，特に当該サプライヤーが関連する取引における人権リスク要素（セクターのリスク，製品・サービスのリスク，地域リスク，企業固有のリスク）に鑑みて典型的に人権リスクが高いと考えられる場合，人権リスクの評価を慎重に行う必要があると考えられる（スクリーニングの手法については本章3(2)参照）。

　このようなサプライヤーのスクリーニングの結果，人権リスクが相対的に高い（レッドフラッグ／イエローフラッグが存在する）場合には，当該人権リスクに対してサプライヤーがどのように対応しているかをより詳細に確認するこ

とが求められる。たとえば，新疆ウイグル自治区など高リスクの国・地域で操業している場合，人権リスクの高い生産プロセスに関与している場合，当該サプライヤーがこれまでに強制労働，児童労働，人身取引等の罪で有罪判決を受けたことがある場合，人権リスクに関する訴訟提起や捜査を受けている場合等についてはリスクが相対的に高いと考えられる。

　なお，特に政府の関連する契約の場合には，独自の調達基準が設定されている場合がある（第3章10参照）。また，個別の法令やガイドラインにより強制労働等により有罪判決を受けた場合等には公共調達に参加できない等の制限が付されている場合があることにも注意が必要である[17]。

②　二次サプライヤー以降のリスク管理

　企業にとっては多数にわたるサプライヤーを特定すること自体が困難を極める場合もあるが，特に二次サプライヤー以降のサプライヤーについては，直接的な取引関係にないために実態が見えづらいことに加え，サプライヤーに関する十分な情報を取得することが営業秘密等との関係で困難な場合や，自社の影響力を直接的に及ぼしがたい場合も多いことから，リスクを特定・管理することについて実務上困難を感じている企業は多い。また，特にサプライヤーを遡るほど，小規模なサプライヤーとなる場合も多く，必ずしも網羅的な人権リスク管理体制を求めることが現実的でない場合もあり得る（農産業について上流に位置するサプライヤーが小規模な家族経営の農園である等）。

　この点，各国法の中には，企業に求められる一次的なデュー・ディリジェンス義務が原則として一次サプライヤーに限定されることを明示するものもある（例としてドイツサプライチェーン・デュー・ディリジェンス法に基づくデュー・ディリジェンス義務の一部）が，指導原則はサプライヤーの範囲を限定するものではなく，一次サプライヤーに限られないことを明確にする法令も存在しており（例としてEU企業持続可能性デュー・ディリジェンス指令案），一次サプライヤーが人権リスクとの近接性の観点から重要であることには変わ

17　当該サプライヤーが民事訴訟を提起されていたり，NGO等からの告発を受けたりしている場合については，問題となっている人権侵害の態様や当該サプライヤーの関与形態も含めて考慮されるべきであろう。

りないものの，一律に一次サプライヤーまでしか管理・評価しないと定めることは危険である（特に各国個別法が直接適用される場合には十分に留意する必要がある）。

　サプライチェーンにおける人権リスク管理は，当該事業・地域等におけるリスクの高さ等も踏まえつつ，一次サプライヤー以外については，上記のリスク評価に応じてリスクの高い場合に優先的に特定・評価等の取組みを行うことが一次的な取組みとしては現実的と考えられ，具体的には，二次サプライヤー以降のサプライヤーについては，サプライチェーンにおけるチョーク・ポイント（戦略上重要なポイントであり，サプライチェーンにおいて重要な変更が起こるポイントや，比較的少数の当事者により製品の大部分を処理するサプライチェーンの段階等が当たり得る）を中心としたトレーサビリティや対話の実施を行うことなどが考えられる[18]。

　なお，業界やセクターによっては，企業単体によるサプライチェーン全体の把握の困難さに鑑み，業界団体等による認証制度を設けるなどの取組みがなされている。グローバルでイニシアチブが立ち上げられている例として電子機器メーカー等のイニシアチブであるRBA（Responsible Business Alliance）[19]，パーム油の認証を行う「持続可能なパーム油のための円卓会議」（RSPO：Roundtable on Sustainable Palm Oil）などがある。このような取組みは，業界／セクター全体についての人権リスクを軽減させる方向に働く点で有意義であるが，認証を取得した時点以降の人権リスクマネジメント自体も問題となること，認証が信頼できるものかについて別途スクリーニングを行わないと人権リスク評価の形骸化につながりかねないという点については留意する必要がある。

(5)　契約条項

　サプライヤーに人権デュー・ディリジェンスを求める場合，基本契約または個別契約において，デュー・ディリジェンスの実施条項を組み込むことが考えられる。

18　OECD「OECD衣類・履物セクターにおける責任あるサプライチェーンのためのデュー・ディリジェンス・ガイダンス」2.3ボックス3参照。
19　IHEICC（Electronic Industry Citizenship Coalition）

　この点，関連する条項としては，日本弁護士連合会が2015年1月に策定した人権デュー・ディリジェンスのためのガイダンス（手引）において紹介されているCSR条項モデル条項例（同ガイダンス61頁）が参考になるほか，東京2020持続可能な調達コードにおいて，人権に関連するものとして以下の規定がなされていることが参考になる[20]。東京2020持続可能な調達コードは，東京オリンピックに際し，持続可能性に関する取組みの1つとして，組織委員会が調達する物品・サービス等に関する基準として策定されたものである。

【人権に関連する基準】
① 国際的人権基準の遵守・尊重
　サプライヤー等は，調達物品等に関して，人権に係る国際的な基準（特に世界人権宣言，人種差別撤廃条約，自由権規約，社会権規約，拷問等禁止条約，女子差別撤廃条約，児童の権利条約，障害者権利条約，強制失踪条約，人身売買等禁止条約，先住民族の権利に関する国際連合宣言）を遵守・尊重しなければならない。
② 差別・ハラスメントの禁止
　サプライヤー等は，調達物品等の製造・流通等において，人種，国籍，宗教，性別，性的指向・性自認，障がいの有無，社会的身分等によるいかなる差別やハラスメントも排除しなければならない。
③ 地域住民等の権利侵害の禁止
　サプライヤー等は，調達物品等の製造・流通等において，地域住民等に対する不法な立ち退きの強制や地域の生活環境の著しい破壊等を行ってはならない。
④ 女性の権利尊重
　サプライヤー等は，調達物品等の製造・流通等において，女性の権利を尊重し，女性のエンパワメントや男女共同参画社会の推進，リプロダクティブヘルス・ライツの観点から，女性人材の登用や育児休暇の充実等に配慮すべきである。
⑤ 障がい者の権利尊重
　サプライヤー等は，調達物品等の製造・流通等において，障がい者の権利を尊重し，その経済的・社会的活動への参加を支援するため，障がい者の雇用促進や職場環境のバリアフリー化，障がい者授産製品の使用等に配慮すべきである。
⑥ 子どもの権利尊重
　サプライヤー等は，調達物品等の製造・流通等において，子どもの権利を尊重

20　ただし，各国の個別法に準拠することが必要な場合，当該法令に基づいた追加の条項が必要な場合もある（たとえば，ドイツのサプライチェーン・デュー・ディリジェンス法では環境リスクへの対応もあわせて求められる）。

し，その健全な育成を支援するため，児童労働の禁止のほか，子ども向け製品・サービスの提供の際の安全性の確保や子どもを世話する親・保護者への支援等に配慮すべきである。

⑦　社会的少数者（マイノリティ）の権利尊重

　サプライヤー等は，調達物品等の製造・流通等において，民族的・文化的少数者，性的少数者（LGBT等），移住労働者といった社会的少数者（マイノリティ）の人々の権利を，他の人々と同様に尊重し，それぞれの特性に応じたプライバシー保護にも配慮しつつ，これらの人々が平等な経済的・社会的権利を享受できるような支援に配慮すべきである。

【労働に関連する基準】

①　国際的労働基準の遵守・尊重

　サプライヤー等は，調達物品等の製造・流通等において，労働に関する国際的な基準（特にILOの提唱する労働における基本的原則および権利（ILO中核的労働基準を含む））を遵守・尊重しなければならない。

②　結社の自由，団体交渉権

　サプライヤー等は，調達物品等の製造・流通等に従事する労働者に対して，組合結成の自由および団体交渉の権利といった労働者の基本権を確保しなければならない。

③　強制労働の禁止

　サプライヤー等は，調達物品等の製造・流通等において，いかなる形態の強制労働もさせてはならず，また，人身取引に関わってはならない。

④　児童労働の禁止

　サプライヤー等は，調達物品等の製造・流通等において，いかなる形態の児童労働もさせてはならない。

⑤　雇用および職業における差別の禁止

　サプライヤー等は，調達物品等の製造・流通等に従事する労働者について，人種，国籍，宗教，性別，性的指向・性自認，障がいの有無，社会的身分等による雇用や賃金，労働時間その他労働条件の面でのいかなる差別もしてはならない。

⑥　賃金

　サプライヤー等は，調達物品等の製造・流通等に従事する労働者に対して，法令で定める最低賃金を支払わなければならない。サプライヤー等は，生活に必要なものを賄うことのできる水準の賃金の支払に配慮すべきである。

⑦　長時間労働の禁止

　サプライヤー等は，調達物品等の製造・流通等において，違法な長時間労働（労働時間等に関する規定の適用除外となっている労働者については健康・福祉を害する長時間労働）をさせてはならない。

⑧　職場の安全・衛生

　サプライヤー等は，安全衛生に関する法令等に基づき，安全衛生委員会等の設

置やメンタルヘルスケアを含め，調達物品等の製造・流通等に従事する労働者等
にとって身体的・精神的に安全で健全な労働環境・条件を整えなければならない。
また，サプライヤー等は，労働者にとって仕事と生活の調和のとれた労働環境の
整備に配慮すべきである。

⑨　外国人・移住労働者

　サプライヤー等は，調達物品等の製造・流通等のために自国内で働く外国人・
移住労働者（技能実習生を含む）に対しては，関連する法令に基づき適切な労働
管理を行い，賃金の不払い，違法な長時間労働のほか，旅券等の取上げ，強制帰
国，保証金の徴収などの違法または不当な行為を行ってはならず，法令や行政指
導に基づき，当該労働者の理解可能な言語で労働条件を書面で交付しなければな
らない。また，サプライヤー等は，外国人労働者のあっせん・派遣を受ける場合，
当該あっせん・派遣をする事業者が法令に基づく許可を受けているか，外国人労
働者の権利を不当に侵害していないか等について確認すべきである。このほか，
サプライヤー等は，適切な住環境への配慮，外国人労働者が苦情申入れ・相談を
容易に行えるようにするための体制整備や権限ある労働関係機関との連携にも取
り組むべきである。

　なお，上記の点を含む契約条項を定めた場合，解除権の行使につき是正の催
告を条件とするかは検討の余地があると思われる。この点，上述した日本弁護
士連合会のCSRモデル条項では，人権デュー・ディリジェンスの実施義務の違
反を含む当該条項の違反が存在する場合，是正措置を要求し，これにもかかわ
らず相当期間内に相手方が違反を是正しなかった場合にのみ契約の解除権を認
めている。このような考え方自体は指導原則の理念に沿うものではあるが（本
章14(1)参照），深刻な人権侵害が組織的に長期間行われていることが判明した
場合等，例外的な場面によっては是正措置要求を伴わず解除権を認めることも
検討の余地があると思われる。

　また，実際には，サプライヤーとの取引を終了することが契約上または実務
上等の理由により困難な場合もある（取引期間が契約により定められている場
合，主力商品にとって極めて重要なレアメタルが，人権リスクが高い地域で操
業するごく一部のサプライヤーからしか入手できない場合等）。そのような場
合には，特に対話による改善要請やモニタリングを重点的に行うことが必要と
なる。

⑹ サプライヤーに対するアンケート

　サプライヤーにおける人権リスクを確認する手法として，サプライヤーに対してアンケートを送付して調査を行う方法は一般的に用いられている。サプライヤーに対して同一のアンケートを統一的に送付することも網羅性という観点からは利点があるが，これが現実的に困難である場合，リスクベース・アプローチの観点から，地域・事業等から一次的なリスク評価を行い（本章3⑵参照），リスクが相対的に高いと評価される事業や取引に対して，個別のアンケート（質問表）等においてより詳細なスクリーニングを行うとの選択肢も考えられる。

　人権リスク一般に関するチェック項目としては，人権方針の策定・周知の状況，人権デュー・ディリジェンスの実施状況，ステークホルダーとのエンゲージメント（対話）の状況，グリーバンス・メカニズム（申告窓口）の整備・活用状況等に加え，強制労働や児童労働等，特に注意を要すべき人権リスクについては，より踏み込んだ質問とすることが考えられる（例として，児童労働のリスクが高い場合，人事および採用手続における身分証明書の提示等による年齢チェックが適切になされているか，サプライヤーとの標準契約に児童労働がないことを契約上の義務に課しているか等）。

　企業において実施されているサプライヤーに対するアンケート等の事例としては，主要調達先に対して，人権デュー・ディリジェンスや贈収賄・汚職防止に関する設問を盛り込んだ自己評価アンケートを実施し，調達先におけるコンプライアンス体制をモニタリングし，リスクを特定している事例や，アンケートについてフィードバックや低評価先へのフォローアップを行い，リスクの低減に努めている等の事例が見られる[21]。

　なお，サプライチェーン上に新疆ウイグル自治区に拠点を有する企業が存在する場合や，同地区からの原料が用いられている場合には，同地区における強制労働が繰り返し批判され，輸入規制等の措置も米国を中心に積極的に執行されている現状[22]から（第4章2参照）確認の必要性が高い一方で，中国の反外

21　日本経済団体連合会「第2回企業行動憲章に関するアンケート調査結果」別冊3「『ビジネスと人権』に関する取り組み 事例集」

国制裁法に基づく対抗措置等を受けるリスクへの留意として，同地区の強制労働を明示的に言及しない等の対応が必要な場合もあり，実施方法については外部専門家の助言を受けつつ慎重に検討することが望ましい。

(7)　モニタリング・監査

　人権リスクは常に変化することから，サプライヤーに対して人権リスクを評価した後も，継続的にモニタリングするとともに，サプライヤーに対する継続的な評価を行うことが重要である（なお，第3章8(1)で紹介するEU企業持続可能性デュー・ディリジェンス指令案においてデュー・ディリジェンスにおけるモニタリングが少なくとも12カ月ごととされるなど，個別の法令において一定の頻度でのモニタリングが義務づけられる場合がある）。特に，直接取引関係にあるサプライヤーが高リスクの国で操業している，人権リスクの高い生産プロセスに関与している，人権リスクが以前のサプライヤー評価で検出されたような場合には，当該サプライヤーのモニタリングを優先的に行う必要が高いといえる。

　また，多数のサプライヤーを抱える企業においては，深刻度の高い分野を優先する，直接取引関係にあるサプライヤーを優先する，戦略上重要なサプライヤーを優先するなどの方法でモニタリングの優先順位づけを行うことも考えられる。

　サプライヤーに対する人権リスクの変化を確認するため，監査は有効な手段である。改善計画を策定して一定期間内に是正することを求めるなどの措置をとることが期待される。この点，人権リスクに関して定期的に監査を行っている企業は増えているが，人権リスクに関する外部監査まで行っている企業は現時点ではそれほど多くないように思われる。

　監査の範囲について，すべてのサプライヤーの原産国まで網羅することが理想的ではあるが，その範囲の広さや現地の情勢の問題等から各国のサプライ

22　オーストラリア戦略政策研究所（Australian Strategic Policy Institute）は，2020年3月に報告書「売り物のウイグル人―新疆地区を越えての『再教育』，強制労働と監視」を公表しており，日本企業を含む82企業について製品のサプライチェーンにおいて同地区での強制労働との関連性が指摘されている。

ヤーに対して実際に往査を行うのは難しい場合も存在し[23]，当該サプライ
チェーンの人権リスクの大きさ，取扱製品の重要性，取扱金額等を考慮したリ
スクベース・アプローチにより優先順位を定めることが現実的な場合も多いと
思われる。また，情報の入手方法としては，現地のNGO，労働組合，有識者
等から入手した情報と監査を組み合わせることも有用と思われる。

　監査においては，労働環境，労働条件，採用プロセス，労働安全衛生等，雇
用環境における人権リスクについても確認することが必要となるが，これらに
加えてサプライヤーにおける労働関連の帳票（就業規則，雇用契約書等労働者
との契約条件を定める資料，給与台帳等給与の支払を示す資料等）が適切に保
管・整備されているか，グリーバンス・メカニズム（申告窓口）が設置され機
能しているかなど，体制整備や記録化についても確認することも考えられる
（また，事前に質問表等が送付されている場合には，当該質問表との整合性も
問題となるものと思われる）。

　これらに加えて，サプライヤー選定・評価において，リスク要因が存在する
ことが認められた場合には，当該リスクに対する是正・対応についても継続的
にモニタリングし，進捗報告を求めていくなどの措置をとることが求められる。

　なお，OECDデュー・ディリジェンス・ガイダンスでは，負の影響のリスクが
特定の地域において蔓延しているために，個々のビジネス上の関係先の評価に
よって新たな情報が得られない場合，（情報の収集に代えて）ただちに，負の影
響の防止および軽減に焦点を当てる選択をすることもできる（例として，企業
が，ある輸出加工区（EPZ）においてセクシュアルハラスメントが蔓延している
ことを知った場合に，セクシュアルハラスメントの具体的な事例を特定するの
は困難であることを踏まえ，サプライヤーの評価を最初は行わずに，サプライ
ヤーがセクシュアルハラスメントを防止する活動（管理運営の研修等）を実施
するよう促す選択もできる）ことが指摘されている（同ガイダンス附属書Q27
参照）。

23　特に，コロナ禍において人権リスクに限らず，全般的に現地監査が困難となっている点
　は多くの企業において課題となっている。

11 ┃ 業種別の人権リスク

　本章3で述べてきたとおり人権リスクは広範であり，業種やセクターによっても注目すべき点が異なるため，本節では，業種別の人権リスクについて典型的なものや，人権リスク事例を紹介する。

　なお，本節では，業種によって固有な点を中心的に取り上げているが，労働者の権利に関するリスク（過剰・不当な労働事案，労働安全衛生，賃金未払等）は業種を問わず問題となり得る点に留意されたい。また，広く製造業というカテゴリーでは，原材料の調達等，川上に位置するサプライチェーンの人権リスクが問題となりやすいという共通点もある（ただし，医薬品においては川下に位置する消費者（利用者）との関係で問題となりやすい点について本節(8)参照）。

　この点，業種別の人権リスクを検討するにあたり，以下の業種・製品群においては，OECDデュー・ディリジェンス・ガイダンスについて業種別のガイダンスが公表されている（なお，これらのガイダンス等を踏まえ，EU企業持続可能性デュー・ディリジェンス指令案では，繊維，農業，漁業，食品，資源採掘等の業種が人権リスクが相対的に高い（high-impact sectors）とされている）[24]。

> ・繊維製品（アパレル）：衣類・履物セクターにおける責任あるサプライチェーンのためのデュー・ディリジェンス・ガイダンス
> ・農業：責任ある農業サプライチェーンのためのOECD-FAOガイダンス
> ・資源採掘：資源採掘セクターにおける意義のあるステークホルダー・エンゲージメントのためのOECDデュー・ディリジェンス・ガイダンス
> ・紛争鉱物：OECD紛争地域および高リスク地域からの鉱物の責任あるサプライチェーンのためのデュー・ディリジェンス・ガイダンス（すず，タンタル，およびタングステンに関する補足書を含む）
> ・金融：責任ある企業融資と証券引受のためのデュー・ディリジェンス

　また，NPO法人である経済人コー円卓会議日本委員会でも業界ごとに重要

24　外務省ウェブサイト（https://www.mofa.go.jp/mofaj/gaiko/csr/housin.html）参照。

な人権課題が検討されており[25]，企業が一次的なリスク評価を行う際に参考になると思われる。

(1)　農林水産業・食品

　農林水産業は，労働集約的な側面が強いことから，一般的に人権リスクが高いといわれている。原材料の仕入れにおける人権リスク，および製品の加工等サプライチェーンの労働現場における人権リスクの双方が存在する。原材料の仕入れは，家族経営等のごく小規模な農家等から行われていることも多く，労働環境の改善を促していくことが難しい場合がある。OECDガイドラインのセクター別ガイダンス（責任ある農業サプライチェーンのためのOECD-FAOガイダンス）でも，農業における労働者が，非正規労働者や，移民労働者，女性，先住民などの脆弱な立場に置かれやすい労働者が多く，労働条件等が問題になりやすいことが指摘されている。農業は外国人技能実習生が多く受け入れられている分野でもあり，その労働環境等も問題となり得る（第1章8(2)③参照）。

　また，一般的に労働力の需要が季節や製品のライフサイクルによって大きく変動するような産業も人権リスクが高いと考えられるところ，多くの農作物の収穫サイクルは特定の時季に集中するため，特定の地域では一時的に農業従事者の需要が急増するものの，収穫が終わると需要が急減するという傾向がある。

　これらの点に加えて，農林水産業・食品の領域において，これまで人権リスクが問題となった事案，あるいは問題となり得る特徴的な事項として以下の点が挙げられる。

①　漁船上での乗組員に対する人権侵害（過酷な労働環境下での強制労働等）

特に遠洋漁業の場合，いったん乗船すると孤立した閉塞的な労働環境となり，強制労働等の人権侵害がなされたとしても逃亡することが物理的に困難であることから，漁業における強制労働等の人権リスクが指摘されている。

　これまで水産業において指摘された人権リスクの例として，2014年6月にタ

25　経済人コー円卓会議日本委員会「2020年度ステークホルダーエンゲージメントプログラム」（人権デューディリジェンスワークショップ）

イの海老養殖業者が船上で長時間の無給労働を行っていたことが英国の新聞により報道された事案がある。また，2020年7月には，中国企業の漁船でフカヒレ漁を行うために勤務するインドネシア人乗組員に対し，乗船前に実際の労働環境や労働条件と異なる説明がなされていたこと，就労開始前に多額の手数料を要求されていたこと，1日18時間以上の労働時間と不十分な食事等の過酷な労働環境に加え，死亡した乗組員が海に遺棄されたこと等が人権NGOにより指摘された事案が挙げられる[26]。

　また，国際移住機関（IOM：International Organization for Migration）とNPOであるNEXUS Instituteにより2014年に作成された報告書[27]中には，人身売買や強制労働の被害者の中には日本船籍の船上で働いていたとの証言がなされている例が複数挙げられており，2018年Global Slavery Indexでも引用されている。

②　特定の製品生産過程における児童労働

　製品の中には，これまで生産過程での児童労働が指摘されてきたものがあり，これらについては相対的にリスクが高いと認められる。米国国際労働局による「児童労働または強制労働により生産された製品のリスト」[28]によれば，児童労働との関連性が指摘されている農作物，食品として，サトウキビ，カカオ・コーヒー，たばこ，牛，魚，米，ココアが挙げられている。これらの製品の中には，企業や業界団体により，製品ごとのあるいは製品横断的なフェアトレードの認証システムによる取組みがなされている場合もある。

　なお，上述した責任ある農業サプライチェーンのためのOECD-FAOガイダンスの中では，製品の加工や包装など原材料の変形がある重要なポイントや狭い範囲のステークホルダーがサプライチェーンで事業を行っているポイント等の，いわゆる「チョーク・ポイント」（例として，エチオピアのコーヒーのサプライチェーンにおいて，少数の取引業者が多数の小規模生産者で生産された

26　認定NPO法人ヒューマンライツ・ナウ「水産業における人権侵害と日本企業の関わりに関する報告」（2021年11月8日）

27　International Organization for Migration（IOM），Nexus Institute "In African Waters. The trafficking of Cambodian fishers in South Africa, 2014"（2015年9月22日）

28　Department of Labor "List of Goods Produced by Child Labor or Forced Labor"

コーヒーを販売しているエチオピア商品取引所がチョーク・ポイントとなり得ること）におけるデュー・ディリジェンスを優先することも紹介されている。

③　農園開発に伴う地域住民の権利等

農園開発の過程で，大規模な森林破壊がなされ，あるいは地域住民の権利（第1章2(2)⑤参照）が十分に保証されずに土地の収受がなされるリスクが存在する。特に，パーム油（食用油や，加工食品の原料，洗剤等の原料となる）については，過去に，アブラヤシの農園開発に伴う熱帯林，泥炭湿地林の破壊や，主たる生産国であるマレーシアやインドネシアにおける不当な労働環境，開発にあたり地域住民の権利が十分に保証されないなどの問題が指摘されてきた。

これに対し，パーム油については，2004年に「持続可能なパーム油のための円卓会議（RSPO：Roundtable on Sustainable Palm Oil)」が設立され，生産・流通のサプライチェーンにおける認証システムが策定されているなど，グローバルな認証システムが構築されている製品群も存在する。また，独自にパーム油の農園から苦情の申告を受けるシステムを構築する取組みを行っている企業もある。

④　土地や水の使用に関する問題等

食品飲料業界は，土地および水へのアクセスに関連する権利に十分な配慮がなされていないとして市民社会組織から告発を受ける数が採掘業に次いで2番目であると指摘されている[29]。また，農薬の使用による水質汚染や健康被害などが土地の周辺住民の人権と関連して問題になることもある。

(2)　繊維製品（アパレル）

繊維製品は，中国新疆ウイグル自治区の強制労働の問題で人権リスクがクローズアップされた産業のうちの1つである。繊維産業については，2021年7月に経済産業省から「繊維産業のサステナビリティに関する検討会報告書〜新

29　責任ある農業サプライチェーンのためのOECD-FAOガイダンス脚注64。

しい時代への設計図～」が公表されている[30]ところ，当該報告書において指摘されている繊維産業の長く複雑なサプライチェーン（原糸や生地の生産，染色整理，縫製等の各段階がそれぞれ分業構造となっているほか，縫製等では多重の下請け構造が見受けられること），商社等の介在，海外生産へのシフトはいずれも繊維産業における人権リスクの高さの背景となっていると考えられる。また，消費者の衣類に関連するサステナビリティに対する関心の高まりに伴い，消費者からの指摘がなされやすい点も挙げられる。

　このような事情を踏まえ，繊維製品（アパレル）について特に留意すべき人権リスクとしては以下の点が挙げられる（なお，2022年7月には，日本繊維産業連盟が繊維産業の人権デュー・ディリジェンス等に関する「繊維産業の責任ある企業行動ガイドライン」を定めており，あわせて参照されたい）[31]。

①　サプライチェーンの労働者に関連するリスク

　サプライチェーンの特徴（複数国にまたがるサプライチェーン，労働集約，下請事業者の介在，短いリードタイム等）に鑑み，強制労働，児童労働，労働安全衛生，最低賃金の不遵守を含む不当な労働条件等に関するリスクが挙げられる。

　この点に関連し，米国の人身取引に関するResponsible Sourcing Toolのウェブサイトでは，ブランドがサプライヤー工場に対して大きな影響力を持ち，人件費がコストの大半を占めるために，多くの縫製業者が契約を維持し，最低賃金以下の賃金を支払わざるを得ないことが指摘されている。

　また，日本国内においては，サプライチェーンに外国人技能実習生が存在する場合の法令違反を含む人権リスクが存在する。繊維産業のサステナビリティに関する検討会報告書においても，サプライチェーン上の課題として，紡績から縫製までの各段階で，多くの事業者が外国人技能実習生を受け入れているところ，技能実習生との関係での法令違反（最低賃金・割増賃金等の支払，違法

30　なお，同報告書は，第三者機関が認定する国際認証取得の動きの加速化や，サステナビリティに係る取組みを進めるためのデジタル技術の活用等，サステナビリティの観点から参考になる点についても触れられている。

31　「OECD衣類・履物セクターにおける責任あるサプライチェーンのためのデュー・ディリジェンス・ガイダンス（仮訳）」42頁参照。

な時間外労働等）が指摘されており，技能実習生との関連でのリスクが強調されている（技能実習生の問題については第1章8⑵③参照）。

②　製造過程における有害化学物質の排出等

製造過程における有害化学物質の発生，水質汚染，温室効果ガス（GHG：Greenhouse Gas）の排出等が問題となり得る。特にOECD衣類・履物セクターにおける責任あるサプライチェーンのためのデュー・ディリジェンス・ガイダンスでは，綿製品は，パラチオン，アルジカルブおよびメタミドホスなどの有害な殺虫剤による高いリスクがあるとともに，ポリエステル製品は温室効果ガス排出の原因となる高いリスクがあるとの指摘がなされている。

③　綿花の採取過程における強制労働

中国の新疆ウイグル自治区は綿花の主要産地であるところ，同地区の綿花採取過程における強制労働の問題は米国政府等からたびたび指摘されている。米国政府が2021年7月に改訂版を公表した新疆ウイグルサプライチェーンビジネス勧告では，綿花のサプライチェーンに関する指摘がなされているので，第4章2⑷もあわせて参照されたい。

⑶　資源・エネルギー

資源・エネルギーのセクターは，天然資源が新興国の中でもアクセスの悪い場所にあることが多く，監視の目が行き届きにくいことや，法の支配が弱い地域においては政治紛争に天然資源の利用が用いられる場合が多く，脆弱な立場にある者が巻き込まれやすいといった背景から，一般的にリスクが高いと考えられる。このような観点から特徴的なリスクとして存在するのが紛争鉱物に関するリスクであり，当該リスクは人権リスクの中でも早くから問題とされてきたものの1つである。

また，大規模な土地開発を伴う場合，対象地域への影響と，当該地域の住民への影響の双方に留意する必要がある。

①　紛争鉱物のリスク

　紛争鉱物については，2000年代初期から，特定の天然資源の採掘を背景とした紛争やこれに起因する強制労働，児童労働等が問題とされてきた経緯がある。すなわち，国連が2001年に公表したコンゴ民主共和国における天然資源の不法開発に関する報告書[32]では，強制労働や児童労働による採掘等が問題として指摘されている。紛争鉱物については，第1章3(4)で記載したとおり環境リスクとの関連でも問題性が高く，第3章9で記載する法令や業界団体のガイドラインによる制定も進んでいるところであるが，典型的にいわゆる「紛争鉱物」とされる3TG（スズ，タンタル，タングステン，金）以外の鉱物（たとえばコバルト，銅，ニッケル等）についても法規制等により拡大される傾向にあること，また，法令整備に先立って同様に3TG以外の鉱物の採掘過程におけるリスクも問題になり得ることに留意が必要である。

②　土地開発の対象地域へのリスク

　土地の取得・開発にあたり，ユネスコ世界遺産，生物多様性重要地域（KBA：Key Biodiversity Area）との距離が近いなど環境的，文化的，社会的に重要な土地である場合，当該土地に与えた深刻な影響は事後的に回復が困難な場合があるため，事前に当該リスクについて把握しておく必要がある。

③　対象地域の住民に関連するリスク

　土地の取得・開発にあたり，先住民の権利侵害や情報提供の不足等が問題となりやすい。また，地域住民にとっては，当該土地が文化的・宗教的な意義を持つ場合もあり，単純な金銭補償で解決されないこともあり得るため，ステークホルダーとのエンゲージメントが重要になる。

　地域住民の権利に関しては，2013年に先住民族の権利に関する国際連合宣言（UNDRIP：UN Declaration on the Rights of Indigenous Peoples）に関するビジネス参照ガイド（Business Reference Guide to the UN Declaration on the Rights of Indigenous Peoples）が公表されているが，同ガイドにおいては，

32　国際連合「Report of the Panel of Experts on the Illegal Exploitation of Natural Resources and Other Forms of Wealth of DR Congo」(2001年4月12日)

地域住民の特徴的な権利として，「民族の自己決定の権利」，および「自由で事前の十分な情報に基づいた同意」（FPIC：Free, Prior, and Informed Consent）が挙げられており，先住民族が土地に対する慣習的な権利を有し，自らの意思でその土地や資源に及ぼす事業を受け入れるか拒否するかを決める権利があることが挙げられている。

④　水へのアクセスに関するリスク

　鉱山開発または鉱物の精錬過程等において，周辺地域の水質汚染が発生し，地域住民の安全な水へのアクセスが制限されるリスクが存在する。過去には，たとえば，2011年頃にはフィリピンにおける日系企業のニッケル開発・精錬事業周辺地域における水質汚染がNGOから指摘され，環境対策が実施された事案などが見られた。

(4)　建設・不動産

　建設・不動産事業との関連では，資源開発の場合と同様（上記(3)参照），建設業者その他業務委託先との間で請負契約・業務委託契約を締結されるなど複数の契約が介在することによりサプライチェーンが複雑になりやすく，労働集約的産業であり，かつサプライチェーンにおいて短期労働者や派遣労働者，外国人技能実習生を含む外国人労働者等人権リスクの観点から脆弱な立場に置かれやすい労働者が介在することが多いことから，建設・不動産開発の過程における労働者のリスク（過剰・不当な労働時間となっていないか，技能実習生への適切な取扱いを行っているか，労働者による転落事故防止や工事材料の落下事故防止等適切な労働環境を提供しているかという労働安全衛生が確保されているか）が問題となり得るところである。また，開発プロジェクトが海外であるなどの場合，現地における強制労働や児童労働等のリスクも存在する。

　これらのリスクについては，建設業者が直接法的責任を負うこともあり，従来は建設業者における義務として取組みや開示がなされてきたように思われるが，不動産事業者においても，現実には現場事故などが生じていることや，技能実習生についての適切な扱いが問題になっていることからして，これらの人権デュー・ディリジェンスに取り組んでいく必要があると考えられる。

① 地域住民の権利に関する人権リスク

土地の取得・開発にあたっては，資源エネルギーの場合と同様，地域住民の権利侵害が問題となり得る。

関連する事案としては，2021年3月，国連人権高等弁務官事務所（OHCHR）が，インドネシア政府と観光開発企業が共同で行う大規模な観光プロジェクトにつき地域住民の強制的な立ち退き等の人権侵害がなされているとの警告を公表しているものなどが見られる[33]。

② 建築における木材の使用

建築において使用される木材の調達に関連する人権リスクが指摘される場合も存在する。

2022年1月に米国政府から発出された，ミャンマーの軍事政権と関わりのあるビジネスに携わる企業等に係るリスクに関する勧告（第4章2⑸参照）では，ミャンマーにおける不動産事業の人権リスクとして，ミャンマーにおける児童労働や強制労働によって生産された製品の中にレンガやチーク材などの建設資材が含まれていることが挙げられており，ミャンマーにおける建設・開発に関与する企業に対する人権デュー・ディリジェンスの必要性が指摘されている。

また，ロシアのウクライナ侵攻を受けて，持続可能に管理された森林に関する国際的な認証制度であるPEFC（Programme for the Endorsement of Forest Certification）は，ロシアおよびベラルーシ原産の木材をすべて「紛争木材」としてPEFC認証製品に使用できないことを表明しており[34]，紛争地域からの木材の調達については人権デュー・ディリジェンスの必要性が高まっているといえる。

⑸ ICT（通信サービス，電子機器）

ICT（通信サービス，電子機器）産業は，サプライチェーンが多岐にわたる

---

33 United Nations Human Rights Office of the High Commissioner "Indonesia：UN experts flag rights concerns over $3bln tourism project"（2021年3月31日）
34 PEFC「ロシアのウクライナ侵攻に伴うロシアとベラルーシの木材の取り扱い」（2022年3月5日）

こと，技術発展の急速な変化，機器の使用方法や用途により消費者等多くの人々の人権に多大な影響を与え得るといった特徴がある。また，技術発展のスピードが，規制当局がリスクに対応するスピードよりも速く，新製品や既存製品の新しい用途に規制が未対応である場合がある。この点については，企業側で意図しない用途で，人権侵害のために製品・サービスが利用されるリスクも考えられるため，注意が必要である。

ICT企業に特徴的なリスクとして以下のような点が考えられる[35]。

①　プライバシー権と表現の自由の保護

通信サービスやインターネットサービスの事業者がサービスを提供する国内法の環境下において，政府によってなされる規制が国際人権法上のプライバシー権や表現の自由を保護していない可能性がある（例として，電子機器に特定のソフトウェアのインストールが義務づけられており，そのソフトウェアによって「政治的内容」のコンテンツへのアクセスが制限される場合）。また，政府により規制を受ける国においては，結社の自由等労働者の権利も制約される可能性がある（政府からICT企業に対して，顧客やユーザーに関する情報の提供，特定コンテンツの遮断，通信やインターネットサービスの利用遮断，特定の技術の修正などを要請される場合があるが，当該要請が国際人権法等の観点から問題がある場合がある点にも留意が必要である）。そのため，製品・サービスの開発段階から，人権リスクに関する評価を組み込むプロセスが必要であると考えられる。

②　サプライチェーン（組立メーカーや部品メーカー等）における労働法の未整備または脆弱性に伴う強制労働・児童労働等のリスク

製造業一般において，サプライチェーンにおける労務課題は人権リスクの主要なもののうちの1つであるが，ICT部門のサプライチェーン等においてもこの点が指摘される。特にサプライチェーンが新興国等に所在する場合，当該国の法令では労働者に対する保護が十分になされない場合がある。この点，「ビ

35　参考資料：Shiftおよび人権ビジネス研究所「『ビジネスと人権に関する国連指導原則』の実施に係るICT部門向けガイド」（2014年6月9日）

ジネスと人権に関する国連指導原則」の実施に係るICT部門向けガイドでは，鉱物の採取や，電気電子機器廃棄物の非公式なリサイクルで児童労働が用いられるリスク等についても指摘されている。

　同リスクに関連した事案として，コンゴ民主共和国のコバルト鉱山での採掘中にトンネルや壁が崩壊する事故が起きたことに関し，2019年，米国の自動車企業やICT企業等の複数の企業に対して，事故で死傷した児童の保護者らによる人身売買被害者保護再承認法および複数の州法に基づき損害賠償を求めるクラスアクションが提起された（なお，同訴訟は原告適格を欠くことなどを理由として2021年11月に棄却されている）[36]。

③　技術発展に伴うリスク

　携帯電話等速いサイクルで新しい製品が発売される場合，需要の急増に対応するための人員配置が一時的に大量に必要になり，これに対応するために労働者のあっせん業者が利用され，人身売買等のリスクが高まる場合もある[37]。

　また，技術発展に伴い，企業が開発した技術等が意図しない形で人権侵害に用いられるリスクも存在する（第1章4(1)で紹介した，電機メーカーが製造販売する超音波画像診断装置がインドや中国において胎児の性別判断に用いられ，女児の人工中絶を引き起こす事態となった例などが挙げられる）。

④　原材料に関する強制労働等のリスク

　紛争鉱物の採掘等の過程における強制労働・児童労働のリスクは，資源・エネルギーのセクターのリスク（本章11(3)①）で述べたとおりである。これに加え，半導体材料等として使用されるシリカや，これを原料とするポリシリコンについて新疆ウイグル自治区での強制労働リスクが指摘されているほか，製造工程において排出された有害化学物質により地域住民の安全・健康が害されるリスクなどが指摘されている。

36　Doe 1, et al. v. Apple Inc., et al., Case No. 1:19-cv-03737
37　Responsible Sourcing Toolウェブサイト（https://www.responsiblesourcingtool.org/）参照。

⑹　自　動　車

　自動車産業のサプライチェーンは広範囲で多階層に及ぶことから，サプライチェーンを遡ることの実務的な難しさが見られる。自動車産業における人権リスクは，ICT産業と重なる点も多く見られるが（上記⑸参照），自動車に特化した点として以下のような点が指摘されることがある[38]。

①　自動車の生産工程に伴う強制労働・児童労働等のリスク
　自動車の生産工程は上記のとおり多階層に及ぶが，特に以下のリスクが指摘されている。

・リチウムイオンバッテリーに使われるコバルトの採掘過程におけるコンゴ民主共和国（DRC）等における児童労働
・鉄の原料（炭，鉄鉱石）の採掘過程における強制労働および児童労働
・タイヤの原料となるゴムの採取過程における東南アジアやリベリア等における強制労働および児童労働
・革の生産・加工過程における児童労働
・塗装等に含まれるマイカの採掘過程におけるインドやマダガスカル等における児童労働

---

②　自動車用蓄電池（バッテリー）に関連するリスク
　近年電気自動車の普及に伴い，自動車用蓄電池（バッテリー）の需要が増加しているが，これに特化した人権リスクが問題になり得る点にも留意が必要である。
　米国国務省が2022年7月に公表した人身取引報告書では，気候変動に対応するためのクリーンエネルギー技術に対する需要の高まりが指摘されるとともに，当該産業における人権尊重の重要性が強調されている。そして，個別製品の1

38　参考資料：2020年6月に米人権NGOのIASJ（Investor Advocates for Social Justice）が公表した "An Assessment of Human Rights Risks & Due Diligence in the Automotive Industry"（2020年6月）

つとして，電気自動車用バッテリーのコバルトの採掘・生産過程における強制労働や児童労働リスクが指摘されている[39]。

　日本においても，電気自動車の普及等に伴う蓄電池需要の増加を背景としてサステナビリティの向上に向けた取組みが求められていることから，経済産業省の主催により2022年1月以降，筆者も委員として参加した「蓄電池のサステナビリティに関する研究会」が開催され，人権・環境デュー・ディリジェンスのあり方として，蓄電池の増加に伴い需要の拡大が見込まれる鉱物資源（リチウム，コバルト，ニッケル，グラファイト）を対象とした，蓄電池のサプライチェーンで典型的に生じ得る人権リスク（労働安全・衛生への影響，強制労働のリスク，児童労働のリスク）および一定の環境リスクへの対応等が議論されている。

(7)　運輸・物流

　運輸・物流産業は，労働集約型であり，サプライチェーンにおける不適切な労働条件，事業所における労働安全衛生が問題となりやすい。災害時にインフラとして機能することが求められることなどから，大規模災害時に需要が急速に高まり，長時間労働等を招くおそれがある。特に新型コロナウイルス感染拡大の影響により，宅配需要が高まり，長時間労働が増加していることなどが指摘されている[40]。

　また，人身売買に輸送手段として用いられ，意図しない形で関与するリスクがある。そのため，意図しない形で人権侵害の手段として用いられた場合またはそのおそれがある場合にこれを抑止または停止できるように，人身売買等に関する方針を周知徹底することや，従業員等への教育・啓発，ホットライン等による情報提供窓口の整備等が有用であろう。

(8)　医薬品・化学薬品

　医薬品については，他の産業と比較して，相対的にサプライチェーンの全体

39　その他の個別製品としては，太陽光発電モジュール用の金属ケイ素等についても中国新疆ウイグル自治区における強制労働リスク等が指摘されている。

40　厚生労働省「令和2年版過労死等防止対策白書」

像に関し，間接的なサプライヤーを把握できているケースが多くなく，一部では直接的なサプライヤーに関しても全容を把握できていないとして，サプライチェーンの可視化が進展していないことが指摘されている[41]。

また，2008年には国連の特別報告者が，「医薬品へのアクセスに関する製薬企業のための人権ガイドライン」を公表しており[42]，サプライチェーンの川下では，経済的に脆弱な立場にある者が健康のために必要不可欠な医薬品を入手できることが製薬会社としての人権に関する責任であるとしている。このように製薬会社との関係では，サプライチェーンの川下側である製品の販売方法や流通方法に重要な課題が存在するという特徴がある。

また，医薬品・化学薬品の関係では，後述するとおり，生産過程における地域住民の安全・健康に関連する形でも，人権リスクが問題となり得る。

①　臨床試験に伴うリスク

臨床試験が，脆弱な立場に置かれやすい者（低所得者や経済的弱者）の地域でなされる場合，読み書きができないまたは十分な情報提供に基づき同意を得られない者が参加するなど，医療倫理の観点から問題になるリスクが存在する。

1990年代には，米医薬品メーカーがナイジェリアの子どもに対して未承認の薬を試験的に投与し，多数の子どもに重度の後遺症が残ったとして民事訴訟・刑事訴訟が起こり，最終的に同メーカーが和解金を支払うこととなった。

②　生産過程における地域住民の安全・健康に関する人権リスク

企業活動による有害物質の放出，事故による有害物質の流出等により土地，水，大気の汚染が生じ，個人や地域住民が影響を受けるリスク，また，医薬品の生産の過程で，水を大量に使用することにより，周辺地域の水不足を招き，地域住民の水資源へのアクセス権を侵害するリスクが存在する。

41　経済産業省「令和2年度内外一体の経済成長戦略構築にかかる国際経済調査事業（アジア大でのサプライチェーン強靱化に向けた調査）」（2020年11月26日）45頁参照。

42　国際連合「Human Rights Guidelines for Pharmaceutical Companies in relation to Access to Medicines」（2008年8月11日）

(9)　金　　融

　金融機関は，金融機関自身の調達等における人権リスクに加え，投資・融資先等の金融サービスの提供を通じて人権リスクが問題となる点に特徴がある。すなわち，金融機関に関連する人権リスクとして，投融資を通じて，人権侵害に関連する資金調達を促進したり，支援したりすることに関与する可能性がある。また，金融機関がレバレッジを行使して顧客に及ぼす実務上の影響は大きく，この点は，OECD多国籍企業指針のうちの産業分野別のガイダンスの1つである「責任ある企業融資と証券引受のためのデュー・ディリジェンス（Due Diligence for Responsible Corporate Lending and Securities Underwriting）」でも指摘されている。

　金融機関による金融サービスの提供を通じた人権リスクは，投融資の形態によっても異なる。人権リスクとの直接的な結びつきが解され得る典型的な場面としては，①プロジェクト・ファイナンス，アセット・ファイナンス等，特定の事業または資産が引き当てとされている場合において，当該事業や資産との関連で人権リスクが発生した場合や，②コーポレート・ファイナンス等，資金使途を限定しない融資を特定の企業に対して行い，当該企業において人権リスクが発生した場合などが挙げられる。他方，企業の投融資と人権リスクとの結びつきがより間接的な場面として，③グループ企業Aの親会社に対してコーポレート・ファイナンスを行い，企業Aの子会社または子会社の事業もしくは資産において人権リスクが発生した場合，④企業の子会社に対してアセット・ファイナンスを行った場合において，当該企業の別の子会社が有する資産との関連で人権リスクが発生した場合や，⑤企業の子会社に対してコーポレート・ファイナンスを行い，当該企業の別の子会社が有する資産との関連で人権リスクが発生した場合などが挙げられる。この点，間接的な関与の中でも③は④⑤に比べると相対的に人権リスクとの結びつきが認められると考えられる。

　また，金融機関が人権リスク評価を行うにあたっては，当該融資等の金額的規模や実行期間（長期的な取引関係を前提とするものか否か）も考慮に入れる必要がある。これに加えて，責任ある企業融資と証券引受のためのデュー・ディリジェンスでは，シンジケートローンや証券引受の取引などの複数の銀行

等が関与する取引では，取引を主導する銀行（リードアレンジャーや主幹事等）が通常より多くの情報へのアクセスを有するため，人権デュー・ディリジェンスのプロセスにおいても主導し，他の銀行等に対しての情報共有を行うことを推奨している[43]。

　特に人権リスクとの直接的な結びつきが強い場面等において重要な投資決定を行う場合には，人権デュー・ディリジェンスを優先的に行い，その対応として，リスクの高い国や分野のプロジェクトに関連する契約については人権リスクに関する表明保証条項の導入や，人権リスクが発現した場合に調査し，あるいは報告を求めるとともに，取引関係を一時停止・終了することができるようにしておくことが考えられる。

　また，融資等が長期間にわたる場合には，定期的なデュー・ディリジェンスを実施しモニタリングを行っていくことが考えられる。

　次に，投融資後に人権リスクが発現した場合，責任ある企業融資と証券引受のためのデュー・ディリジェンスでは，次頁の【図表2－8】のように金融機関が対処することが求められている[44]。

　金融機関の関与としては，このうち「助長した」あるいは「直接結びついている」のいずれかに該当することが通常想定される[45]が，責任ある企業融資と証券引受のためのデュー・ディリジェンス[46]では，金融機関が当該リスクを実質的に助長したかどうかの判断は(i)金融機関の活動が，顧客が負の影響を生じさせることを促進しまたは動機づけすることによって影響の発生リスクを増大させた程度，(ii)影響の予見可能性の程度，(iii)金融機関が講じた措置が，実際に当該影響のリスクを軽減しまたは低下させた程度を考慮し，金融機関が促進することによって負の影響を助長したかを評価すべきであるとしている。

　いずれの場合においても，投融資を行った企業がどの程度まで影響力を行使

43　ボックス2.2.複数の機関が関与する場合における銀行等の役割
44　同ガイダンス2.1.2.
45　金融機関が負の影響の「原因となった」場合については責任ある企業融資と証券引受のためのデュー・ディリジェンスの分析の対象外とされているが，通常金融機関自体が負の影響の「原因となった」と評価される場合は金融機関自身が人権侵害の主体となるような場合であり，投融資を通じた人権への負の影響という文脈で生じることは限定されるように思われる。
46　同ガイダンス（仮訳版）44頁参照。

【図表2－8】MNE指針における影響との関係

負の影響への対処

```
                    負の影響
        ┌──────────────┼──────────────┐
   銀行が原因となった    銀行が助長した    ビジネス上の関係によって
                                        銀行の事業，商品または
                                        サービスに
                                        直接結びついている
        │              │              │
   実際の影響を是正する  実際の影響の是正の   負の影響の原因となっている企業に
                       ために協力する     対し，影響を防止または軽減し，
   潜在的な影響を       潜在的な影響の助長を  適切な場合是正するよう働きかける
   停止または防止する   停止または防止する   ためにレバレッジを行使する
```

〈出典〉「責任ある企業融資と証券引受のためのデュー・ディリジェンス」をもとに筆者一部修正

すべきか（「助長した」と評価される場合に，是正の協力，あるいは潜在的な影響の助長の停止・防止をどこまで行うべきか。「直接結びついている」と評価される場合に，どこまで負の影響を防止・軽減し，是正のためのレバレッジを行使すべきか）については，リスクの大きさや是正の困難さ，これまでの対話の状況等を踏まえて検討することが望ましいと考えられる。

また，人権リスクが発現した場合に金融機関が顧客との関係を解消すべきであるか否かも，金融機関に求められる公共性，社会性といった観点からは慎重な判断が求められるように思われる。この点，一般的に，人権リスク発現時の取引解消は最後の手段として考えられる（本章14(1)参照）が，金融機関の場合には上記の観点からさらに慎重な判断が必要な場面もあると考えられる。責任ある企業融資と証券引受のためのデュー・ディリジェンスにおいても，当該人権リスクから生じる影響が非常に深刻である場合には取引解消も選択肢となり得ることを示しつつ，取引解消によるステークホルダーへの潜在的な影響を考慮し，ステークホルダーとのエンゲージメント（対話）が基本的には奨励されることを示している[47]。

> **責任ある企業融資と証券引受のためのデュー・ディリジェンス**
> ボックス2.5.排除方針に関する考慮事項
> 排除方針は，金融機関が高リスク（この場合においては，人々，環境または社会に対する負の影響の高いリスク）と考えられる顧客または顧客の区分とのビジネス上の関係を終了または制限する現象を意味する。
> （中略）
> 状況によっては，たとえば，リスクが非常に深刻または回復不可能である場合には，排除が適切となり得る。しかし，そのような決定を下す際には，排除慣行の潜在的な影響も考慮に入れるべきである。例を挙げると，排除によって，高リスクのセクターで事業を行っている企業にとって，適切なデュー・ディリジェンスを適用している企業であっても，グローバルな金融システムへのアクセスが制限される可能性がある。これにより金融排除が拡大し，規制がより緩い代替的な資金調達手段につながり，透明性が低下し，金融犯罪を含むあらゆるリスクにこれらの企業がさらされる可能性がある。包括的禁止は，高リスクのセクターにおける基準を引き上げる機会を逃すことになる可能性もある。銀行等は，排除を決定する前に顧客がリスクに対処することが可能か否かを理解するために，高リスクの状況に関連する見込み顧客または既存の顧客およびその他の関連するステークホルダーとのエンゲージメントを行うことを奨励される。

　なお，これまでに金融機関との関係で人権リスクが問題とされた事例としては，石炭火力発電事業への融資につきNCPへの問題提起がなされた事案も参照されたい（第1章5(5)参照）。

　また，金融機関がデュー・ディリジェンスの一環としてステークホルダーとのエンゲージメント（対話）を行う場合や，デュー・ディリジェンスの結果について公表する場合には，金融機関が多くの法域において負う顧客情報等の守秘義務についても配慮することが求められる点に留意する必要がある。

47　なお，EU企業持続可能性デュー・ディリジェンス指令案においても，金融サービスの提供にあたり，サービスが提供されている企業に対して実質的な不利益をもたらすことが合理的に想定される場合には，当該金融サービスを終了させることを要求されない（7条6項）とされている。

12 ┃ AIと人権

(1)　AIと人権リスク（AI倫理）

　人工知能（AI：Artificial Intelligence）は，機械学習によりアウトプットを行うため，最初の設計等の段階では人間が関与するが，機械学習後は人間の直接の指示が及ばず，どのようなプロセスを経て結果が導き出されたのかが不透明となる点で，いわばブラックボックス化しているという特徴がある。AIは，自動運転や画像認識など多くの製品やサービスに使われるようになり，我々の生活に浸透しつつある一方で，プライバシー権や表現の自由などの人権侵害や，差別を引き起こしたり悪化させたりするリスクが内在する点に留意する必要がある。AIの人権に関する主なリスクとして，以下のようなものが挙げられる。

①　AIの選別の不透明性のリスク
　上記のとおり，AIの性質上，判断プロセスに不透明性を内包しており，特にAIによる入出力の検証可能性が確保されていない場合には，仮に恣意的な選別が行われていたり，バイアスが内在していたりしたとしても発見が困難となるリスクがある。

②　AIの選別による差別の惹起または固定化のリスク
　AIが機械学習を行うデータに偏りがある場合，AIが出力する判断が偏るリスク（アルゴリズムバイアス）が存在する。また，AIの選別に使用されるデータが現実に生じている差別や偏見をアルゴリズムに反映してしまうことにより，女性や特定の人種等の少数者に対する差別が引き起こされ，あるいは差別が固定化されるリスクも存在する。
　実際にこれまでAIの使用が問題視された事案としては，人材採用のためのAIがこれまで採用された履歴書のパターンを学習する過程で男性を優先的にランク付けするようになったことからAIによる採用を打ち切った事案（AIの選別による差別の固定化リスク）や，顔認識のAIに人種の認知バイアス（認

知のゆがみ）が確認された事案などがある。

　また，英国では，金融機関のアルゴリズムにより判断された与信枠が女性に比べて男性に対して高く設定される傾向があったことが指摘された例も存在する。このように，従来の融資において女性に対する信用枠が低く設定されていた場合，これをデータとしてAIが判断を行うと，引き続き女性に対する信用枠が低く設定され，女性差別が固定化されてしまうリスクがあるといえる。

③　AIにより自律的行動が損なわれるリスク

　サブリミナル（潜在意識に作用する）技術などにより人の感情や心情，行動が操作される，または無意識に影響を受けるリスクが存在し，人の尊厳が維持されているかという観点での検討が必要となる場合がある。

④　AIによりプライバシー権が侵害されるリスク

　AIによるプロファイリング（個人の属性や行動履歴から，当該個人の嗜好や行動を予測・分析すること）や，公共の場などリモートでの生体認証システムの利用などにより人のプライバシー権などが侵害されるリスクが存在する。

　米国政府の公表等によれば，中国政府は，ウイグル族らのDNA等の生体認証データを収集し，ウイグル族らに対してAIの顔認証システムにより追跡・監視を行っているとのことであり，この点のリスクについては世界的にも注目されている。また，英国では，AIによりSNSに投稿された顔画像を収集し顔認識のためのデータベースを作成していた企業がデータ保護法違反により制裁金を科された事案が存在する[48]。

　日本でも，2021年，鉄道会社が顔認識技術を用いて刑務所からの特定の犯罪により服役していた出所者，仮出所者を検知する仕組みを導入したものの，反発を受けて中止した旨が報道されている。

⑤　表現の自由・集会結社の自由等に対する侵害のリスク

　AI技術に関連し，SNSやオンラインのプラットフォームなどにおける，コ

48　Enforcement Notice to Clearview AI Inc.（2022年5月18日）

ンテンツモデレーション（インターネット上の書き込みを監視すること，有害コンテンツを削除すること），ディープフェイク（AIのディープラーニング技術を活用して写真や動画を合成すること）は肖像権などを侵害する場合がある。一方で，このような技術を過度に規制する場合，表現の自由・集会結社の自由等に対する侵害のリスクが存在することから，双方のバランスへの配慮が必要となる。

(2)　AIに関する規律

　このようなAIのリスクを踏まえ，AIによる意思決定にあたっては，意思決定のためのパラメーターを人間が定めること，および意思決定の過程について事後的にレビューできる透明性を確保することが必要である。また，取り入れようとするAIシステムが倫理上問題ないかの視点を入れることも重要と考えられる。

　このようなAIガバナンスや人間中心の「責任あるAI」に関する継続的な議論が各国でなされている。OECDは，人工知能に関する理事会勧告を2019年5月に採択しており，信頼できるAIの責任あるスチュワードシップのための相互に補完的な価値観に基づく5つの原則として，AIのアクター[49]に対して推進，履行を求めている。

```
・包摂的な成長，持続可能な開発および幸福
・人間中心の価値観および公平性
・透明性および説明可能性
・頑健性[50]，セキュリティおよび安全性
・アカウンタビリティ（説明責任）
```

　また，このようにAIシステムに関する人権リスクが発現していることなど

49　AIシステムのライフサイクルにおいて能動的な役割を果たす者であり，AIの展開あるいは稼働を行う組織や個人が含まれると定義されている。
50　学習データ内に多く存在しない傾向のデータに対して適切に予測を行うことができること。

を背景とし，2021年4月21日には欧州委員会がAI枠組み規則案（Regulation laying down harmonised rules on artificial intelligence）を策定している。EUのAI枠組み規則案は，AIシステムのリスクに応じて規制を行う，いわゆるリスクベース・アプローチに基づくものであり，AIをリスクにより，許容できないリスク（unacceptable risk），ハイリスク（high risk），限定的なリスク（limited risk），最小限のリスク（minimal risk）という4つの分類に分けている。そして，人々の安全，生活，および権利に対する明らかな脅威となるAIシステムは「許容できないリスク」として原則的に禁止されるとされており，サブリミナル技術を用いて人の行動に影響を与えるものなどがこれに該当するとされている。

13 広告・マーケティングと人権

　これまで主にサプライチェーンの上流における人権リスクについて述べてきたが，サプライチェーンの下流における人権リスクに位置づけられるものとして，広告・マーケティングにおける人権リスクがある。

(1) ダイバーシティ＆インクルージョン（D&I）

　人権意識の高まりにより，広告・マーケティングにおいても人権の尊重やダイバーシティ＆インクルージョン（D&I）（多様な人材を受け入れ，その能力が発揮できるようにする考え方）の視点が求められている。また，人種差別，女性差別，障害者差別，LGBTへの無配慮，ジェンダーバイアス（男女の役割や性差に対する固定的な思い込みや偏見）の固定化を招き得る広告が大きく批判を浴びる場合も少なくない。

　日本では，専ら差別的な広告・マーケティングを念頭に置いた法規制は現時点ではないが，業界団体による自主規制がなされている。また，グローバルでは以下のとおり一定の規制がなされている場合がある。

① 米国の公正住宅法による規制

　米国では，公正住宅法（Fair Housing Act）により，肌の色，人種，性別，

宗教，障害，出身国，家族構成などに基づく嗜好（preference），差別，制限を示す広告を作成・公表することを禁止しており（Sec. 804.［42 U.S.C. 3604］），同法のガイドラインでは，広告にあたりモデルを使用する場合には，人種，肌の色，宗教，性別，障害，家族構成，出身国にかかわらずすべての人を対象とした住宅であることを表現することが推奨されている。なお，2018年には，SNS広告において人種や宗教等の分類に基づいて住宅広告が非表示になるように設定されていたことが同法に違反するとして米国住宅都市開発省（U.S. Department of Housing and Urban Development）がSNSのサービス提供会社を告発しており，2019年に同社が制裁金を支払うとともに広告のプラットフォームを改善する等の条件で和解が成立している。

② 英国のジェンダーステレオタイプに関する規制

英国では，放送分野・非放送メディア（オンラインおよびソーシャルメディアを含む）の双方において，ジェンダーのステレオタイプを含む広告が禁止されている。この点は，放送広告規範（BCAP Code：Code of Broadcast Advertising）4.14項および放送以外の広告およびダイレクト・プロモーショナルマーケティングコード（CAP Code：Code of Non-broadcast Advertising and Direct & Promotional Marketing）4.9条においてそれぞれジェンダーステレオタイプの禁止がなされる旨の改訂がなされることにより，厳格化されている。

また，放送分野における広告基準を作成する機関である広告実践委員会（CAP：Committee of Advertising Practice）[51]が2018年に広告におけるジェンダーステレオタイプな表現を禁止するガイダンス（Advertising Guidance on Depicting Gender Stereotypes）を作成・公表した。同ガイダンスの中では，ジェンダーステレオタイプであり避けるべき表現として以下のような例が挙げられている。

51　CAPが定める広告基準に違反した場合には，広告基準協議会（Advertising Standards Authority）により当該広告の公表が禁止され，または内容の修正が求められる。

> ・男性が足を上げて家族が家の中を散らかしている様子を描き，女性がその片付けを一手に引き受けているような広告
> ・男性がおむつを替えられない，女性が車を駐車できないなど，性別を理由にしてタスクを達成できない男性や女性を描いた広告
> ・体型だけが変わることで人生のすべての問題が解決したように暗示する広告

　上記規制に基づいて規制を行った事例としては，自動車会社のテレビ広告が，活動的な男性の様子と介護や子育てに従事する女性の姿を並べることで固定的な男女の役割や特徴を提示しているとして，CAPが当該テレビ広告の掲載を禁止するなどの措置に及んだ例などが見られる。

③　その他広告の内容が問題となった事例

　上記で挙げた事例のほか，日本または海外において，実際に広告の内容が問題になったものとしては以下のような事例がある。

> ・米国アパレルブランドのCMにおいて，白人の子どもが黒人の子どもを押さえつけるような構図の写真を掲載したことが，人種差別であるとの批判を受けた事例
> ・SNSでタイツを紹介するにあたり，女性の太ももを強調したイラストを投稿し，女性のタイツ着用を性的な目で見ているとの批判を受けた例
> ・食品のCMにおいて肌の色が実際より白く描かれていたということで批判を受けた例

　一方で，広告を通じて人権意識の喚起を図る企業もある。また，人種に配慮し，絵の具やクレヨンの表記から「肌色」の使用をやめる，あるいは化粧品の宣伝から「美白」の表記をなくす，といった取組みを実施している企業もある。

　企業の掲載する広告については，上記のような事例を踏まえて人権，差別やD&Iの観点から問題となる表現がないかをスクリーニングすることが必要であるが，性質上，内部規程のチェック項目を詳細にするといった規程ベースのアプローチでは限界があると思われ，社内でも複数の目を通すといった運用上の

配慮も必要になろう。

(2)　虚偽または誤解を招く表示に関連する問題

　広告・マーケティング活動に伴う人権リスクとしては，企業の方針やエシカル商品の販売にあたり，実態以上にSDGsがアピールされているなどSDGsウォッシュ（実態が伴っていないのにSDGsに取り組んでいるように見せかけること）的な観点が問題とされる場合がある。

　この点に関連して，企業が行った広告活動に対して訴訟が提起された例としては，2021年6月に，米国系の飲料メーカーが世界的な廃棄物の削減などサステナブルな取組み等についてウェブサイト等で発信しながら，ある環境保護団体作成の報告書によればプラスチック汚染を行っている企業第1位であり，欺罔的な商行為（deceptive business practices）を禁止する消費者保護法に違反するとして，2021年6月に米国のNGOにより民事訴訟が提起された事例が見られる[52]。同訴訟は2022年11月，同企業の発信は虚偽または誤解を招くものではないなどとして訴えを棄却した。

(3)　ターゲティング広告の問題点

　ターゲティング広告とは，インターネットユーザーのインターネット上での行動履歴情報を取得し，そのデータを利用して広告を表示する種類の広告である。ターゲティング広告については，人種や性別，宗教などのカテゴリーなど差別につながり得る特性に基づいて広告の表示有無を決定するような場合，差別の助長等につながるリスクがあるなどの問題が指摘されており，過去にはSNS広告において人種や宗教等の分類に基づいて住宅広告が非表示になるように設定されていたことが問題とされた事案等がある（本節(1)参照）。

　また，この点に関連してEUのデジタルサービス法など，欧米等を中心として各国でターゲティング広告を規制する動きがあることにも留意すべきである。

52　Earth Island Institute v. Coca-Cola Co.

⑷　企業・マネジメントによるステートメント

　企業の人権意識の高まりに伴い，企業のステートメント（または企業の経営陣によるステートメント）における差別的発言等が問題となった事例も見られる。

・2018年頃，米国の飲食事業の創業者が人種差別用語を用いたことで，MLB各球団がプロモーション契約を凍結する事態になった。
・2020年頃，日本の健康食品事業等のメーカーの公式サイトにおいて，同社の会長名義で掲載されていた文書が人種差別的な表現を含むとの批判を受けた。これに対して，複数の自治体が災害時等の連携協定を解消したほか，一部の取引先が当該企業からの説明を要請したと報じられており，当該文書は最終的に撤回された。また，上記文書をめぐっては，当該企業の取引先企業等に対しても，市民団体等からの批判が寄せられる事態となった。

　このように，自社の経営陣等の言動だけでなく，取引先やビジネス・パートナーの人種差別的な言動に対する対応自体も評価対象となりつつあり，取引を継続する，あるいは取引先の行為に対してサイレントである（意見を表明しない）ことに対するレピュテーションリスクも踏まえ，一貫したステートメントの発出が求められる。

14┃人権リスクの特定・発現に関連した企業の留意事項

⑴　人権リスクが特定・発現した場合に企業は取引関係から離脱すべきか

　企業が行った人権デュー・ディリジェンスの結果として人権リスクが特定された場合や，ステークホルダーからの指摘等により人権リスクが判明した場合，企業がどのように対応すべきかは実務上さまざまな場面で問題となる。
　この点，判明した人権リスクへの対処方法は1つに限られず，企業の規模や関与形態，人権リスクの内容や被侵害者への影響の程度にもよるが，取引関係

を終了させることが即時に問題の解消につながらない場合があることも留意すべきである。

　たとえば，「企業が人権デュー・ディリジェンスの結果，継続的に取引関係にあるサプライヤーのうちの1社が過酷な労働条件で生産を行っていることが判明した」という事案を想定する。この場合，企業はCSR条項等に基づき当該サプライヤーとの間の契約を解除することが可能かもしれないが，このような解除を行った場合，企業側から見れば当該サプライヤーとの取引関係が終了し「当該サプライヤーにおける人権侵害を理由として責任追及されるリスク」は低減することになる一方で，被侵害者であるサプライヤー従業員の立場からすれば人権侵害をただちに改善することにはならない。むしろ，場合によっては，企業の契約解除によりサプライヤーの経済状況が悪化し，より労働環境が悪化し，被侵害者の人権リスクは増加する可能性も存在する（一方で，企業が上記の解除に先立ちサプライヤーに対して労働環境の改善を要求し，サプライヤーがこれに応じて雇用環境を改善したというような場合のように，企業から見たリスクの改善と被侵害者にとっての人権保護の方向性が合致することもあり得るであろう）。

　このような観点から，被侵害者の立場から見たときに人権リスクが解消されない形で企業が取引関係を終了する場合，企業が行った撤退が無責任であるとして，国際社会やNGO等から批判を受け，紛争が生じる場合もある。第1章4(2)で紹介した豪銀行の事例（カンボジアで農地収奪をした上で児童労働等を行っている現地企業に融資していたということでNGOから告発を受けて融資を終了したが，農地収奪の被害者に対する救済措置を怠ったということで国際的な非難を浴び，最終的に豪銀行が被害者に対する一定の補償を行うということになった）も，人権リスクの発現を受けて行った撤退の判断が問題とされた事案の1つである。

　この点に関し，指導原則19の解説では，(i)企業が（人権侵害の）負の影響を防止または軽減する影響力を有する場合には，それを行使すべきであり，(ii)影響力を欠く場合には，インセンティブの提供や他の関係者らとの協力により影響力を強めることを推奨するとともに，(iii)影響力を欠き，影響力を強めることも困難である場合には，取引関係の終了により人権への負の影響が出る可能性

について信頼できる評価を考慮した上で，取引関係を終了することを考慮すべきであるとしている[53]。このような指導原則の理念からすれば，企業としては原則としてサプライヤーとの関係を維持しつつ，サプライヤーとの対話を通じてその労働環境を改善するよう促していく姿勢が期待されているといえる。

　また，実際には，契約上，当該人権リスクを根拠として相手方との契約解除が認められがたい場合や，契約期間等による拘束が存在する場合，当該製品が事実上他のサプライヤーから入手できず事業上当該取引が必要不可欠であるなど，取引を終了することが現実的でない場合もあると思われる。企業がサプライヤーの労働環境を直接管理・監督する立場にないなど影響力を行使することが困難な場合も多く，サプライヤーの労働環境改善には相応の時間を要することなどからすれば，取引を継続するという判断は，企業側からすれば責任追及等を受けるリスクを抱え続けることにもなる。さらに，企業の規模によっては，自社だけでサプライヤー等に対して人権改善を求めるよう継続的に取り組むことがコスト的に困難である場合もあろう。

　そのため，取引関係を継続するか否かの判断にあたっては，当該取引関係の重要性，契約や法令等に照らして企業が当該サプライヤー等に対してとり得る手段の有無・実効性や，当該手段の現実的な実行可能性，人権リスクの大きさの程度，企業がサプライヤーに対して行った働きかけの内容，およびこれに基づき将来的にサプライヤーが改善する可能性の程度等を考慮すべきであると思われる。また，このような検討の過程やサプライヤーとの協議の内容については，事後的な検証が求められる場合に備えて，外部専門家の助言を受けることや，可能な限り記録化しておくことが望ましい。取引を継続しつつ対話・救済を行うといった判断をした場合，企業としては人権リスクを抱え続けることになるので難しい判断を迫られることになるが，取組みの内容を積極的に公表していくことでステークホルダーからの評価につなげていくということも考えられる。

---

[53]　これを受けて，人権DDガイドラインでも，取引停止を行うことにより負の影響それ自体が解消されず，相手企業の経営状況が悪化して従業員の雇用が失われる可能性があるなど，人権への負の影響がさらに深刻になる可能性もあることを考慮し，取引停止は最後の手段として検討されるべきことが記載されている（同ガイドライン4.2.1.3）。

　そして，このような考慮の結果，サプライヤーとの取引関係を終了させる場合には，離脱の影響に可能な限り配慮することが望ましい。この点に関連し，人権DDガイドラインでは，取引停止の場合の責任ある対応として【図表2－9】の事項が期待されるものとしている（同ガイドライン4.2.1.3）。

【図表2－9】取引停止の場合の責任ある対応

取引停止の有無	責任ある対応の例
取引を停止する場合	・取引停止の段階的な手順を事前に取引先との間で明確にしておく ・取引停止決定を基礎づけた人権への負の影響について，取引先が適切に対応できるよう情報を提供する ・可能であれば，取引先に対して取引停止に関する十分な予告期間を設ける
取引を継続する場合	・取引先の状況を継続的に確認する ・定期的に取引を継続することの妥当性について見直す ・取引維持の決定がいかに自社の人権方針と一致するものであるか，負の影響を軽減するために影響力を行使する試みとして何が行われているか，取引先の状況を今後どのように確認し続けるかを説明する

(2)　人権リスクが構造的に存在する場合（構造的問題への対処）

　ある人権リスクが構造的に存在し，企業が直接コントロールできない根本原因が存在している場合，一企業の取組みではこれを改善することが困難な場合がある（児童労働のリスクを増大させる就学難および高い貧困率，外国人，女性，マイノリティ集団に対する差別等）。

　この点，責任ある企業行動のためのOECDデュー・ディリジェンス・ガイダンスでは，このような構造的問題に関連するリスクに関し，構造的問題が企業の事業およびサプライチェーンにおける負の影響を増大させている状況の中で事業を行う企業は，(i)その中にとどまることの決定およびその論理的根拠を透明性をもって明らかにすること，(ii)構造的問題への対処に努めること，(iii)このような状況の中で事業や調達を責任をもって継続できるか否かを検討すること

を推奨するとともに，複数セクターにわたる協働[54]，政府への働きかけ，業界団体等における効果的な既存の活動の把握を対処策として挙げている（同ガイダンス附属書コラム6）。このような状況は，本来国レベルでの対応が望ましい場合もあると考えられるが，企業としてはこのような対応策をとることが可能かどうかも，状況により業界団体等とも連携して検討することが考えられる。

　この点については，人権DDガイドラインでも，企業が社会レベルの構造的問題の解決に責任を負うわけではない旨を言及しつつ，「企業は，構造的問題が生じている状況を利用したり助長したりすることのないように留意するとともに，個社や業界団体等での取組みと並行して，構造的問題が生じている状況においても責任をもって事業を継続できるか否かについて検討しておくべきである」ことが指摘されている（同ガイドライン4.2.3）。

(3)　紛争地域における人権リスク

　武力紛争が生じている地域や犯罪者集団による広範な暴力または深刻な危害が人々に及ぼされている地域においては，従業員を含むステークホルダーが人権への深刻な負の影響を被る可能性が高い。たとえば，紛争時に性的・ジェンダーに基づく暴力のリスクは特に頻発する。また，地域に影響を与える力を持ち，人権侵害を行う可能性が高い紛争等の当事者自身が，その地域においてさまざまな活動に関与していることから，自社の事業活動と紛争等の当事者の活動が密接に関連しているかどうかの判断がより困難になり，その結果，通常どおり企業活動を行っていても意図せず紛争等に加担してしまう可能性が高まる。

　また，紛争等の影響を受ける地域から企業が撤退する場合，新規参入や買収等により撤退企業を代替する企業が登場しないことも十分に想定され，消費者が生活に必要な製品・サービスを入手できなかったり，撤退企業から解雇された労働者が新たな職を得ることが一層難しくなったりするなど，撤退により人権リスクが生じる可能性があり，慎重な責任ある判断が必要であると指摘されている。

54　たとえば，構造的リスクとして児童労働が存在する状況の中で，あるセクターから児童労働を排除すれば，単に児童を別のセクターで雇用させることにつながる可能性があるため，セクター横断的な取組みが推奨されるとしている。

　そのため，人権DDガイドラインでは，このような地域においては「強化された人権デュー・ディリジェンス」をすべきであるとされ，具体的には，企業が事業を行う紛争等の影響を受ける地域の状況についての理解を深め，紛争等を助長する潜在的な要因等を特定することをとおして，事業活動が人権への負の影響を与えないようにするだけでなく，紛争等の影響を受ける地域における暴力を助長しないようにする取組みを行うことなどが指摘されている（強化された人権デュー・ディリジェンスにおいて，企業にとっては，サプライヤー等が過去または現在の紛争等に関係しているかどうかを理解することが極めて重要である）。加えて，紛争の可能性を事前に予測することができない場合において撤退を検討する際には，撤退によるステークホルダーへの負の影響を検討・考慮しながら，速やかにリスク分析を行い，撤退計画の検討等の準備を始めることが期待されるとしている（同ガイドライン4.1.2.4，4.2.2）。

　また，人権問題の中には，国家等の統治者の関与の下に人権侵害が行われることもある。この例としては，ミャンマーにおけるクーデター後の軍政や，（中国政府は否定しているが）中国新疆ウイグル自治区におけるウイグル民族への強制労働の問題などが挙げられる。国家が人権侵害に関与する場合，企業活動を通じてそのような人権リスクに加担してしまう可能性は否定できない。

　人権DDガイドラインにおいて，このような場合には「関連性について慎重に検討することが必要であり[55]，その結果に応じて，事業停止や終了という判断に至ることも十分に考えられる」「自社の製品・サービスの生産・供給過程において，国家等の関与の下で人権侵害が行われている疑義が生じる場合もある。この疑義について，国家等の関与により関係者からの協力が得られず，その実態を確認できない，あるいは，実態が確認できた場合であっても国家等の介入があるため企業の力では人権への負の影響を防止・軽減できないといった場合には，取引停止も検討する必要がある」との指摘がなされている（同ガイドライン4.2.1.3）。

　人権リスクとの関係で取引停止は最終手段であるが，情報の取得可能性，事業活動と人権侵害の関連性や，取引停止により与える負の影響も考慮しつつ，

55　紛争等の影響を受ける地域と同様に，強化された人権デュー・ディリジェンスを実施するべきである。

専門家の判断を得ながらデュー・ディリジェンスを行うこと，およびこのような検討の過程について事後的に説明可能とするために記録化しておくことが重要と考えられる。

　なお，近時，問題企業の人権リスクへの関心の高まりにより，人権リスクが高いとされる国から企業が撤退することにより，その国の産業が衰退し貧困化が進むという問題につながっていることが指摘されている。

　たとえば，在ミャンマー欧州商工会議所が2021年5月に公表した声明[56]によれば，ミャンマーでは2013年以降EUへの輸出に関する関税優遇措置が適用されたこともあり，EUへの衣料品輸出が2012年の9億米ドルから2018年の46億米ドルに大幅に増加した。しかし，その後ミャンマー軍による市民への暴行など人権リスクの高まりを受けてミャンマーからの調達を回避する企業の動きが見られ，雇用機会の喪失に伴う貧困や，ESGの進展の逆行化の可能性が指摘されている。このような課題については，一企業だけで解決することが困難な点も多く，国家間の協議により，ステークホルダー間の協調を支援するような政府の施策も望まれるところである。

(4)　人権侵害違反の主張がなされた場合の調査等

　企業に対する人権侵害違反の主張は，クラスアクションを含む海外訴訟，NCPに対する申立て，NGOからの告発などさまざまな方法でなされることがある。また，自社の直接的な事業活動のみならず，子会社・関連会社やサプライヤーの事業活動についても指摘をなされる場合も少なくない。

　このような主張を受けた場合，企業としては当該主張に係る事実関係について迅速に調査を開始すべきである。また，こうした訴訟等においては，相手方からの積極的な広報がなされることが少なくなく，その場合特に，企業側としても訴訟等の追行に加えて，自社の立場をどのように公表・開示していくかを検討することが大きなポイントとなる。なお，事実関係の調査にあたっては，ステークホルダーが多岐にわたることから，事実関係を把握している所管部署や担当者の特定が困難であるなどの理由で調査に時間を要することもある。そ

56　在ミャンマー欧州商工会議所「The Garment Industry in Myanmar：Status Update and Current Dilemmas：Should We Stay or Should We Go?」（2021年5月20日）

のため，このような有事を見据えた平時の対応としては，各人権リスクやステークホルダーへの対応について所管部署を明確にしておくことが必要となる。また，人権デュー・ディリジェンスの実施において，いつ誰がどのような対応を行ったのか，そして特定された人権リスクに対してどのように検討を行い判断したのか等について記録化しておくことが重要である。

15 ▎企業内で「ビジネスと人権」を根付かせるには

　2020年10月に公表された日本経済団体連合会によるアンケート[57]によれば，会員企業のうち指導原則への取組みを進めていると回答した企業は36％にとどまっており，指導原則を理解しているが活動に落とし込めていない（33％），聞いたことはあるが内容は知らない（16％）を含めて取組みが進められていない企業が6割を超えている。2020年10月に策定された国別行動計画（第1章8⑶参照）でも，今後行っていく措置として「ビジネスと人権」に関する教育・啓発が強調されていることも，日本企業としてはまだこの分野に関する取組みが十分に浸透していないことの証左といえるであろう。

　企業において「ビジネスと人権」を根付かせる上で，筆者が特に重要であると考えるのは以下の点である。

⑴　「ビジネスと人権」の理解

　強制労働，児童労働を含むグローバルでの人権侵害の実態については，日本国内において必ずしも十分に周知されているとはいいがたい。この点，方針・内部規程の制定等システム面での取組みももちろん重要であるが，「ビジネスと人権」が新しい分野であることを考えると，人権コンプライアンスが企業文化として根付くまでにはある程度の時間を要することが想定され，人権の意義が十分に理解されないままであるとその取組みも深度のあるものにならないと思われることから，なぜ人権リスクへの対応が必要なのかという背景も含め，社内で周知し，根付かせるための社内的な教育・研修等が重要となる。

---

[57]　日本経済団体連合会「第2回企業行動憲章に関するアンケート調査結果―ウィズ・コロナにおける企業行動憲章の実践状況―」（2020年10月13日）

(2)　既存のコンプライアンスシステムの活用

　これまで人権デュー・ディリジェンスについて述べてきたが，新たなシステムを一から構築することはコストやリソースの負担が重いことである。企業におけるリスクマネジメント体制は，大きな意味では人権デュー・ディリジェンスと同様に，リスク評価および評価したリスクへの対応をテーマとするものであり，既存のコンプライアンスシステムと人権デュー・ディリジェンスをうまく適合させることができれば，企業にとって効率的かつ有用なものになるであろう。従来，人権と関わりのない文脈で実施されていたリスクマネジメントに人権の視点を加えることも有用である。たとえば，既存のコンプライアンス体制において，プロジェクト実施時に現地環境法令の遵守をチェック項目として実施している場合，地域住民等当該地域のステークホルダーの権利の侵害の有無を確認するプロセスを追加で設けること等が考えられる。

(3)　リスク感度を高める

　新たな技術の進展や国際情勢等に伴い，新たな人権リスクが生まれ，あるいは人権リスク評価の変化に伴って対応を再検討しなければならない場面が生じる。そのため，自社グループの事業のみならず，競合他社における人権リスク事案の発生状況，人権リスクを高め得る地域情勢に関する報道等にも注意を払い，リスク感度を高めておく必要がある。また，こうしたアップデートについては専門家のサポートを得ることも有用であろう。

　さらに，一次的な人権リスクに関する情報は海外子会社等の海外拠点が受領することも多いことから，親会社の人権尊重の方針や取組みについて，教育・研修等の機会を通じて，国内・海外子会社にも浸透させておくことが必要となる。その際，特に海外子会社との関係では，現地でのプラクティスとの調和が重要である。

　これまで述べてきたように，新興国においては人権に関する法令の保護や企業におけるガバナンスが十分でない場合があり，単純に現地法を遵守していればよいという整理にすることはできないが，労働関連法制や運用等各国による違いが大きい場合もあるので，一定のベースを共通にしつつ，国ごとの調整が

必要な場合も存在すると思われる。

⑷　部門を横断した取組み

　「人権」への取組みは，従来CSR関連部署によって担当されてきた企業も多いと思われるが，人権デュー・ディリジェンスや人権侵害に対する制裁に関連した法規制化が進む中で，法務・コンプライアンス部門との連携の必要性が増している。また，サプライヤーとの関係では，選定等の各段階においてリスク評価が重要となることから，調達担当者などの理解が不可欠である。

　なお，人権を含むサステナビリティに対する意識の高まりの中で，サステナビリティの推進活動に関する執行組織をサステナビリティ委員会として設ける例も増えてきている一方で，依然として，経営層，調達部門等の現場に人権リスクに取り組む必要性を認識してもらいづらいといった声を聞く。人権リスクについて先進的な取組みを行っている企業の中には，過去に人権リスクが発現して訴訟や不買運動等を経験したことを機に取組みを始めた企業も多い。これらは経験を踏まえてよい方向に改善した事例であるが，本書で紹介した他社事例などを契機として，可能なところから少しでも取組みを始めることを推奨したい。

⑸　適切なKPIの設定

　人権リスクの浸透度について明確な重要業績評価指標（KPI：Key Performance Indicator）を設定することは困難な面もあるが，KPIを明示することはわかりやすい情報開示につながるものと思われる。この点に関連して，オーストラリア現代奴隷法（第3章3参照）のガイドラインにおいて，現代奴隷制度に関するKPIの例として，現代奴隷制度に関する研修・教育の実施数，苦情処理メカニズムによって解決された苦情の割合または数，現代奴隷制度に関する条項を含む契約の数，現代奴隷制度のリスクに対応する能力を向上させるためにサプライヤーと協力して取られた行動の数が挙げられている[58]ことは参考になる。また，企業の中には，一次サプライヤーに対する人権デュー・

---

[58] Commonwealth Modern Slavery Act 2018 Guidance for Reporting Entities "Learn More：Do I need modern slavery key performance indicators（KPIs)?"

ディリジェンスの実施率，人権リスクが高く国際認証が確立している製品についての国際認証取得率等をKPIとしている例もある。

(6)　人権コンプライアンスの取組みによるメリット

　人権コンプライアンスは日本ではリスク対応として語られることが多い印象であるが，積極的に取り組むことで，生産性・効率性の向上や，企業イメージの向上，顧客・従業員の満足度，適正な人材の確保など企業価値に対するプラスの影響があることも指摘されている点である。

　この点は，責任ある企業行動のためのOECDデュー・ディリジェンス・ガイダンスでも「負の影響を効果的に防止し軽減することは，企業が，社会に対する積極的な貢献を最大化し，ステークホルダーとの関係を向上させ，企業の信用を守ることにつながる。デュー・ディリジェンスは，コスト削減の機会の特定，市場および戦略的供給源についての理解向上，自社特有の事業リスクおよび操業上のリスクに対する管理の強化，多国籍企業行動指針で扱われている事項に関連する事故の発生率の低下，構造的リスクに晒されることの低下等を通じ，企業がさらなる価値を生み出すことに寄与する。さらに，デュー・ディリジェンスの実施は，現地労働法，環境，コーポレートガバナンス，刑法または贈賄禁止法等，具体的なRBC課題に関する法的要件を満たすために役立つ」と紹介されている点であり，このようなメリットの理解に努めることも有用と思われる。

第 3 章

人権デュー・ディリジェンスに
関する主な法令

1 概　要

　本章では，人権デュー・ディリジェンスに関する主要な各国法を紹介する。人権デュー・ディリジェンスに関する法令は，当初は，人権リスクへの直接的な対応を求めるのではなく，人権リスクへの対応に関する開示を求めることにより間接的に対応を要求する開示規制としての法令が中心であった（英国現代奴隷法等）。これらの法令は，制定当初，人権尊重に対する画期的な規制であると評価されたが，その後の人権尊重に対する取組みがグローバルレベルで進む中で，制裁を伴わず，あるいは制裁を伴うものの開示義務に対する制裁であり人権リスクの軽減にまでは直接的に踏み込まないものであることに対し，実効性を欠くなどの指摘が各国の市民団体等からなされていた。

　このような中でフランス企業注意義務法など企業に対してデュー・ディリジェンスを求める法令が制定される動きが出ていたが，特に2021年に制定されたドイツサプライチェーン・デュー・ディリジェンス法は企業が実施する人権デュー・ディリジェンスの内容についても当局が監督することを想定しており，一歩踏み込んだ対応であることが注目される（また，同法との関連では，人権リスクに加え，一定の環境リスクも対象とされている点に留意が必要である（本章5参照））。

　以下，主要な各国法令について概要を紹介する[1]。

2 英国現代奴隷法

(1)　制定経緯

　英国現代奴隷法（MSA：Modern Slavery Act）は，企業とそのサプライチェーンにおける現代の奴隷制を防止することを目的として2015年3月に制定され，同年7月に施行された。同法のガイドラインとしては，英国政府により

1　なお，主要な各国法令についてはJETROのウェブサイト（特集 サプライチェーンと人権）において参考和訳が紹介されている。

Transparency in Supply Chains：A practical guide（「英国現代奴隷法ガイドライン」）が公表されている。

(2)　対象企業

　英国現代奴隷法の適用対象は，英国で設立されたか否かにかかわらず，商品またはサービスを供給する法人または組合であり，かつ，英国内で事業の全部または一部を行う企業のうち，年間総売上高が3,600万ポンド以上の企業である。なお，「売上高」とは，対象企業のすべての子会社の通常の活動に帰属する商品およびサービスの供給を合計する必要があり（業者間割引（trade discount），付加価値税，その他の税額が控除される），売上高の中で英国の事業が占める金額の割合を問わないとされる。

　「英国内で事業の全部または一部を行う」との要件がいかなる場合に該当するかについて，英国現代奴隷法ガイドラインでは，グループ会社においては法人ごとにその該当性を判断すべきであり，単に英国内に子会社があること自体をもって親会社が英国内で事業を行っていることを意味するわけではないとしているものの，該当性の判断については「常識的なアプローチ（common sense approach）」を用いるとしていることから必ずしも明確ではなく，今後裁判所の判断等による明確化が待たれるところである。

　企業グループに帰属するいずれかの組織が上記の要件を満たす場合には，当該企業は声明を作成しなければならないが，親会社が子会社も含めた声明を公表することは可能である。また，上記要件に該当しない企業が自主的に声明を作成し，公表することは可能である。

(3)　企業の義務

　対象企業は，各会計年度において，奴隷制度と人身売買に関する声明（statement）を作成することが義務づけられている（54条）。この声明においては，対象企業が会計年度中に，当該企業の事業またはそのサプライチェーンにおいて，奴隷制度や人身売買が行われていないことを確実にするために講じた措置（または措置をとっていない場合にはその旨）を記載することを義務づけている。すなわち，同法は，企業のサプライチェーンにおいて奴隷労働や人

身売買が一切ないことを保証しなければならないものではない。

　同法において禁止される，奴隷（slavery），隷属（servitude），強制労働，および人身売買はそれぞれガイドラインにおいて以下のように定義されている。

- ・奴隷：1926年の奴隷条約で定義されるとおり，所有権に伴うすべてのまたはいずれかの権限が行使されている人の地位または状態（あたかもその人を所有しているかのように振るまい，他人の自由を奪うこと）
- ・隷属：強制力を用いて課せられるサービス提供の義務（農奴として他人の所有物として生活することや，自分の状態を変えることができないこと等を含む）
- ・強制労働：ILO強制労働に関する条約第29号および議定書で定義されている，暴力による直接的な脅しに限らず，何らかの罰則の脅しの下で，自発的に申し出ない労働やサービスが要求されること
- ・人身売買：他人が搾取されることを目的として，当該他人の渡航を手配または促進すること（他人が当該渡航に同意しているか否かを問わず，また，実際に潜在的な被害者の搾取が行われているか否かを問わない）

　また，英国現代奴隷法においては，現在のところ必要的記載事項は定められていないものの，以下の事項について開示がなされることが推奨されている（54条5項）。

- ①　組織の構造，事業，サプライチェーン
- ②　奴隷制度および人身売買に関連する方針
- ③　事業とサプライチェーンにおける奴隷制度と人身売買に関連するデュー・ディリジェンスのプロセス
- ④　奴隷制度や人身売買が行われるリスクがある事業とサプライチェーンの特定，およびそのリスクを評価し管理するためにとった措置
- ⑤　適切と考えるパフォーマンス指標で測定した，自社の事業またはサプライチェーンで現代奴隷や人身売買が発生していないことを確実にする手続の実効性
- ⑥　従業員に対する奴隷制度等に関する研修

　ガイドラインによれば，各開示事項の具体的内容は以下のとおりである。

① 組織の構造，事業，サプライチェーン

- ・その企業が事業を行っている分野と，季節労働の有無
- ・組織構造とグループの関係性
- ・現代奴隷の高リスク国を含む，製品またはサービスを調達する国
- ・サプライチェーンの構成と複雑性
- ・事業運営のモデル
- ・労働組合など労働者を代表する団体を含む，サプライヤーなどとの関係

② 奴隷制度および人身売買に関連する方針

　ガイドラインでは，方針策定のプロセス，取引関係（サプライヤー行動規範等），採用，調達方針，従業員の行動規範，現代奴隷の被害者の救済，従業員の研修に関する記載を含む方針が策定されることが推奨されており，その際以下のような観点での検討を行うことが推奨されている。

- ・企業，子会社，サプライヤーに求められる最低限の労働基準は何か，またそれらは業界基準とどのように整合しているか
- ・現代奴隷のリスクを調査し，改善するための努力を行い，基本的な労働基準が満たされていることを確保する責任を負うのは誰か，また，そのリーダーはどのようにして経済的なインセンティブやリソースを提供されているか
- ・事業活動やサプライチェーンにおいて，合法かつ公正な労働コストを生産コストや調達コストにどのように織り込んでいるか
- ・サプライヤーが現代奴隷に関与していたことが判明した場合の会社の方針
- ・新規サプライヤーとの契約締結または既存サプライヤーとの契約更新において，会社はどのようなチェック，保証，調査を行い，あるいは受け入れるのか
- ・判明した奴隷制や強制労働の状況を改善しようとする事業やサプライヤーに対する支援・指導の内容
- ・サプライチェーンに関して行うデュー・ディリジェンスの内容
- ・内部通報を支援するための会社の方針，およびヘルプラインを通じた労働者による報告を含め，報告を容易にするためにどのような手順が設けられているか
- ・現代奴隷や強制労働の事例が見つかった場合，労働者の救済に対する会社の方針とアプローチは何か，また，さらなる犠牲者や脆弱性から労働者を守るためにどのような措置がとられているか

③　事業とサプライチェーンにおける奴隷制度と人身売買に関連する
　　デュー・ディリジェンスのプロセス

　ガイドラインでは，デュー・ディリジェンスのプロセスについて開示される
情報として，以下の事項が考慮されることが推奨されている。

・事業の運営状況を理解するために取られた行動
・モニタリングおよび評価手段を含む，リスク管理プロセスの詳細
・実施された影響評価
・現代奴隷のリスクと実際の事例に対処するための行動計画と，行動の優先順位
　の付け方
・ステークホルダー・エンゲージメントのエビデンス
・現代奴隷に対処するために設置された企業の苦情処理メカニズム
・人権の尊重と現代奴隷に対するゼロ・トレランスを組織全体に根付かせるため
　に取られた行動

---

④　奴隷制度や人身売買が行われるリスクがある事業とサプライチェー
　　ンの特定，およびそのリスクを評価し管理するためにとった措置

　企業が，自社の事業やサプライチェーンに存在するリスクを調査・特定し，
それらのリスクに優先順位をつける必要があるとされており，リスクの評価・
管理にあたっては国・地域のリスク，セクターのリスク，取引の性質や取引相
手との関係に帰属するリスクを考慮することが推奨されている。

⑤　パフォーマンス指標

　既存のパフォーマンス指標が自社の事業やサプライチェーンに関し現代奴隷
リスクを増加させるものであるかに関する検討（たとえば，調達担当者が最速
で出荷できる最低コストの製品を購入すべきであるというようなパフォーマン
ス指標は，慎重に管理されなければ現代奴隷リスクを増加させる可能性があ
る），および初期のリスク評価で事業運営やサプライチェーンに現代奴隷リス
クが存在する場合にこれを低減するための指標の導入が推奨されている。また，
パフォーマンス指標を設定する項目の例として以下のものが挙げられている。

・現代奴隷に関するスタッフの研修と能力開発，リスクに対する意識変化の測定，適切な意思決定と必要に応じた迅速なアクション
・労働者および従業員のための苦情処理手続，および事例が疑われるか発見された場合の内部通報の手続
・関連する製品やサービスのサプライチェーンにおけるサプライヤーの可視性，活用，監視

⑥　研　　修

　ガイドラインでは，企業は自社のビジネスやサプライチェーンの中で最も関連性の高いグループ（たとえばサプライチェーンの管理担当者，調達担当者等）にアプローチする最も効果的かつ効率的な方法を決定する必要があるとされている。

＊　＊　＊

　開示が推奨される事項は上記①ないし⑥のとおりであるが，対象企業は，透明性確保のため，奴隷制度や人身売買が行われていないことを確実にするための措置を講じていない場合でも，その旨を記載した声明を公表しなければならない。声明は企業のウェブサイトに公表される必要があり，その時期は当該企業の会計年度終了後6カ月以内に公表されることが推奨されている（英国現代奴隷法ガイドライン7.4）。

　オーストラリア現代奴隷法（本章3参照）と異なり，現行英国現代奴隷法においては，政府への声明の提出は義務づけられていないが，後述のとおり，英国内務省が運営するレジストリ[2]が整備され，2021年3月以降声明を登録することが推奨されている。

(4)　不遵守に対する措置

　企業が特定の会計年度の奴隷制と人身売買に関する声明を作成し開示しなかった場合，国務長官は高等裁判所を通じて，組織に遵守を求める強制執行命令（または，スコットランドでは1988年会期裁判所法（Court of Session Act

---

2　Gov. UK "Modern slavery statement registry"

1988）45条に基づく法定義務の特定履行に関する民事訴訟）を求めることができる。また，企業が当該強制執行命令に従わない場合は，裁判所の命令を侮辱したとして上限のない罰金が科せられる可能性がある。

　もっとも，2022年4月に公表された英国財務評議会（FRC：Financial Reporting Council）によるレビュー[3]では，対象企業のうちの約12％が年次報告書を提出しておらず，提出された報告書も開示された情報が十分な企業は少ないと指摘されている。

(5)　改正に関する動向

　英国現代奴隷法は，その制定当時，国レベルでの制定法としては，各国に先駆けて現代奴隷を規制するものとして注目を集めたものの，その後の各国の法制化に伴い，法規制の範囲が現代奴隷に限定されているものであることや，制裁の実効性が不十分であることに対して批判がなされていた。このような経緯の下，英国政府は，独立機関による検討を経て，2020年9月，英国現代奴隷法について以下のとおり改正の方向を示した[4]。

・法の実効性を高めるため，前記①〜⑥の記載事項の全部または少なくとも一部を義務化すること
・ステークホルダーによる各企業の声明の比較を容易にするため，声明に関する単一の報告期限を定めること（現在は，当該企業の会計年度終了後6カ月以内とされているため，会計年度により異なる期限となる）
・声明の作成・公表にあたり現在求められている取締役会の承認に加え，取締役会の承認日および署名の日付を記載させること
・透明性を高めるため，グループ内の複数の企業が単一の声明を公表する場合に，対象となる事業体の名称を明記すること
・声明の作成・公表義務の対象を公的機関にも拡大すること
・声明を政府のオンラインレジストリに登録することを義務づけること

3　FRC "Modern Slavery Reporting Practices in the UK"（2022年4月）
4　UK Home Office "Transparency in supply chains consultation Government response"（2020年9月22日）

　なお，民事罰の導入については，独立機関による検討結果では導入が推奨されていたものの，この点については引き続き検討するとの方向性を明らかにするにとどまった。

　2021年3月には，政府は声明を提出・登録するオンラインレジストリを開始している[5]。2023年1月時点ではオンラインレジストリへの登録は任意であり，上記方針に従い将来的には義務化されるとのことであるが，具体的な期限についてはいまだ明らかにされていない。

　さらに，2021年6月には，貴族院に改正法案が提出されている。同改正法案は，以下の内容を含むものであるが，立法プロセスには相当の時間がかかると思われ，修正・変更が行われ得ることから，その経過を待つ必要がある。

- ・声明における情報が重要な点において虚偽または不完全である場合，これを認識していたか容易に認識し得た（reckless）場合における刑事罰の創設
- ・政府当局から正式な警告を受けたにもかかわらず，最低基準の（現代奴隷に関する）透明性に関する公表を行わないサプライヤーや下請業者からの調達を継続することに対する刑事罰の創設
- ・サプライチェーンにおける調達製品の原産国に関する情報の公表および検証等の透明性要件の追加

---

3 ▌オーストラリア現代奴隷法

(1)　制定経緯

　オーストラリア現代奴隷法（Commonwealth Modern Slavery Act 2018）（「豪州現代奴隷法」）は，グローバルのサプライチェーンにおける現代奴隷制度のリスクを是正するため[6]，一定規模以上の企業に対して奴隷制リスク等に関する年次報告書の提出・公表を義務づける法律として2018年12月に成立し，

5　前掲注2と同じ。
6　オーストラリア政府によれば，2015年から2017年の間に，オーストラリアにおいて1,567名の現代奴隷の被害者が出たとされている。

2019年1月に施行された。

　なお，オーストラリア政府は，企業の報告書に関する記載事項等を示すガイドライン[7]，および政府調達に関連するデュー・ディリジェンスの考え方などを示すガイドライン（Addressing Modern Slavery in Government Supply Chains）を公表している。

(2)　対象企業

　豪州現代奴隷法の適用対象は，オーストラリアを拠点とし，またはオーストラリアで事業を展開し，年間の連結売上高が1億豪ドルを超える事業体（法人，信託，パートナーシップ，個人事業，投資組合，NPOを含む）とされている（なお，ニューサウスウェールズ州においては，2022年1月に施行された州法により，同州に従業員を有し，年間売上高が5,000万豪ドルを超え1億豪ドル未満の企業に対しても自主的な報告が奨励されている）。そのため，英国現代奴隷法と同様，事業体の設立地を問わず，日本企業も適用対象となり得る。なお，ここでいう「年間の連結売上高」について，外国の親会社がオーストラリア子会社を所有している場合には，原則として親会社の収益は含まず，同一の連結グループに属する企業間の取引による収益も含まないとされている。

(3)　規制対象となる「現代奴隷制度」

　豪州現代奴隷法の規制対象となる「現代奴隷制度」とは，以下のような行為が含まれる（4条）。

・人身売買
・強制労働
・労働による債務の返済（debt bondage）
・強制結婚
・児童労働

7　Commonwealth Modern Slavery Act 2018：Guidance for Reporting Entities

⑷　企業の報告義務

　報告義務を負う企業は，報告対象期間の事業年度終了日から6カ月以内に後述する内容を含む現代奴隷報告書を管轄当局である国境警備隊に対して提出することを義務づけられている[8]。この点は，英国現代奴隷法（本章2参照）では各企業のウェブサイトにおいて声明の公表を行えば足りるのと異なる点である[9]。企業が提出した年次報告書は，国境警備隊のウェブサイトで公表されている[10]。

　提出にあたり，年次報告書は主要な統治機関（法人の場合，取締役会）の承認を得た上で，意思決定権限を有する責任者（法人の場合，当該権限を有する取締役）によって署名されることが必要とされる。また，年次報告書においても上記の承認および署名の要件を満たしていることを年次報告書に明確に記載することが求められている（13条）。

　なお，複数の報告企業を代表して1つの企業が共同での年次報告書を提出することも可能であるが，各報告企業が報告書の記載要件等を満たす必要がある。また，共同での年次報告書を提出するための承認要件としては，(i)共同声明の対象となる各報告企業の主要な統治機関が当該報告書を承認し，各報告企業の責任者が報告書に署名する方法，(ii)上位企業の主たる統治機関が各報告企業を代表して共同声明を承認し，上位企業の責任者が報告書に署名する方法，および(iii)少なくとも1つの報告企業の主たる統治機関が報告書を承認し，統治機関が声明を承認した各報告企業の責任者が報告書に署名し，報告書において他の報告企業が主たる統治機関レベルで声明を承認していない理由を説明する方法のいずれかをとることが求められている（14条）。

　2023年2月26日時点での登録企業は7,485であり，報告義務を負う企業が提出した報告書が5,530，自主的に企業が提出した報告書が743となっている（上記ウェブサイトを参照した）。

8　なお，2019年度についてはCOVID-19の影響により，2020年6月30日までに終了する事業年度の期間が報告対象期間になる企業に対して報告期限が3カ月延期された。

9　年次報告書は英国現代奴隷法に基づくステートメントと同一であることも許容されるが，豪州現代奴隷法の法定記載要件をすべて満たす必要がある。

10　Australian Border Force "Online Register for Modern Slavery Statements"

(5)　報告内容

　豪州現代奴隷法の大きな特徴として，英国現代奴隷法と異なり，適用対象となる企業に対し，以下の7つの項目の記載が法定記載義務として求められている点が挙げられる（16条）（ただし，英国現代奴隷法において記載が推奨される事項の多くは，豪州現代奴隷法における法定記載事項と共通している）。

---

① 　報告企業の特定
② 　報告企業の構成，事業運営，サプライチェーン
③ 　報告企業および報告企業が所有または支配する企業の，業務およびサプライチェーンにおける現代奴隷リスク
④ 　報告企業および報告企業が所有または支配する企業による現代奴隷リスクを評価し，対応するためにとった適正な評価（デュー・ディリジェンス）および是正プロセスを含む措置
⑤ 　報告企業が④の措置の有効性を評価した方法
⑥ 　報告企業が所有または支配する企業等との協議プロセス
⑦ 　その他報告企業等が関連すると考える情報

　上記各報告事項について，政府のガイドライン（Commonwealth Modern Slavery Act 2018：Guidance for Reporting Entities）では，以下のとおり定められている。

① 　報告企業の特定
報告企業の名称や所在地などが含まれる。

② 　報告企業の構成，事業運営，サプライチェーン
　「構成」は，企業の法的分類（会社，信託，パートナーシップなど），従業員数，より大きな企業グループの一部であるかどうか，他の企業を所有または支配しているかどうかなど，企業の法的・組織的形態をいう。
　「事業運営」は，オーストラリアまたは海外で事業目的や戦略を追求するために企業が行う活動をいう。

「サプライチェーン」は企業自身がオーストラリアまたは海外から調達した製品およびサービスに起因する（contribute）製品およびサービス（労働力を含む）が含まれ，直接のサプライヤーに限らないとされている。

③　報告企業および報告企業が所有または支配する企業の，業務およびサプライチェーンにおける現代奴隷リスク

現代奴隷リスクは，報告企業および報告企業が所有または支配する事業体が，その事業やサプライチェーンを通じて，現代奴隷制度をどのように引き起こし，助長し，または直接関連しているかにより評価される。

ガイドラインでは，リスクの重大性に応じたフレームワークでの検討が求められていることや，リスクの重大性は企業にとってのレピュテーションリスクや財産的損害のリスクではなく，人（被害者）のリスクであることが言及されている[11]。また，豪州現代奴隷法では，リスクの特定等を記載するにあたり，特定の事例やサプライヤー等の名称を記載することまでは求められていないが，現代奴隷のリスクに関連するサプライチェーンにおける製品やサービスの種類を明確に示す程度の内容を記載しなければならないとされている[12]。

④　報告企業および報告企業が所有または支配する企業による現代奴隷リスクを評価し，対応するためにとった適正な評価（デュー・ディリジェンス）および是正プロセスを含む措置

ガイドラインでは，「是正プロセス」の例として，苦情処理メカニズム（内部告発のためのホットライン，「スピークアップ」ポリシー[13]，サプライチェーン・ホットライン等），紛争解決条項を含む契約条項，リスクのあるコミュニティや労働者などの主要なステークホルダーとの関わりが挙げられている。

⑤　報告企業が④の措置の有効性を評価した方法

有効性評価方法の例としては，ガイドラインにおいて以下の例が挙げられて

11　ガイドライン Key Terms Explained：What are 'risks of modern slavery practices'?
12　ガイドライン Learn More：Reporting on modern slavery cases
13　コンプライアンス違反等の懸念がある場合に意見を吸い上げること。

いる[14]。

・企業がとった行動を定期的にレビューするプロセスの確立
・リスクアセスメントのプロセスの定期的な見直し
・企業の主要部門（調達，人事，法務）や，所有または管理している企業との間で定期的なエンゲージメントやフィードバックを行うためのプロセスの設定
・現代奴隷のリスクを評価し，対処するためにとった措置の内部監査またはモニタリング（例として，サプライヤーの事前資格審査の監査を行うこと）
・サプライヤーと協力して，現代奴隷リスクに対処するために実施した行動がどのように進行しているかを確認すること
・苦情処理メカニズムを通じて報告された事案の傾向と事案の処理について検討すること
・業界団体，外部監査人，NGOと連携して独立したレビューを行うこと

---

⑥　報告企業が所有または支配する企業等との協議プロセス

　異なるセクターで事業運営を行う複数の企業を所有するような場合には，各事業体間で継続的な対話が行われていることを示すべきとされている（調達チーム等の関連部署間の定期的な会合や他の事業体の取締役会に対する説明会等が含まれる）[15]。

⑦　その他報告企業等が関連すると考える情報

　記載事項としては，現代奴隷制度に関する外部フォーラムへの参加，市民団体・業界団体との連携，現代奴隷制の構造的要因となる貧困，強制移住，教育等の問題への企業の取組みや貢献，過去の年次報告書で報告した状況に関するアップデート等が挙げられる[16]。

(6)　不遵守に対する措置

　本法違反に対する刑事罰ないし金銭的な罰則は規定されていない。もっとも，

14　ガイドライン76項。
15　ガイドライン85項。
16　ガイドライン94項。

担当大臣は本法に基づき，違反企業に対し，28日以内に説明を行った上，是正措置を講じるよう要請する権限を有しており，企業がこの要請に応じない場合，大臣は企業名および違反に関する詳細を公表することができるとされている（16条A）。また，報告義務を負わない企業も自主的に現代奴隷報告書を提出することは可能であるものの，自主的に提出した場合には法定記載義務を満たす必要があり，これを欠く場合には報告義務を負う企業と同様に制裁の対象となり得る。

　なお，州により罰則が別途定められている場合がある点に留意が必要である。

(7)　改正に関する動向

　豪州現代奴隷法の制定に至る過程では，年次報告書の提出を義務づけられる法人等の年間売上高を5,000万ないし6,000万豪ドルとすべきであるという意見や，報告義務を履行しない法人等に対する罰則規定を盛り込むべきであるとする意見が市民団体等から出ており，これらの意見との妥協策として，同法では制定後3年後に政府が同法の効果等に関する見直しを行う旨の規定が設けられている（24条）。そのため，この点を含む改正にも留意しておく必要がある。

4 ┃ フランス企業注意義務法

(1)　制定経緯

　フランスにおける企業の社会的責任に関する取組みは，2001年5月に制定された新経済規制法において，上場企業に対して企業活動の社会・環境に与える影響に関する情報を年次報告書に開示しなければならない旨が規定されたことに遡る。

　その後，2017年3月，従来の指導原則やOECD多国籍企業行動指針等による自主的な規制では企業による人権尊重が不十分であったとして，フランス企業注意義務法（「仏企業注意義務法」）（Law no. 2017-399 of March 27, 2017 relating to the duty of vigilance of parent companies and ordering companies）を制定した。同法は，大企業に対して，子会社やサプライチェーンの広範な人権

デュー・ディリジェンスを義務づけるものであるとともに，ステークホルダーが当局に対して企業による計画策定等を求めることができることや，民事訴訟により企業の責任を追及し，法的義務の違反によって損害が発生した場合に補償を求めることができる点に特徴がある。

　なお，仏政府は，EUでのデュー・ディリジェンス義務化（本章8参照）に伴い仏企業注意義務法の改正が必要になるとの見解を示しており，今後の改正が見込まれるところである。

(2)　適用対象

　仏企業注意義務法は，(i)2年連続の会計年度末時点で，フランス国内の親会社および直接的または間接的な子会社をあわせて5,000人以上の従業員を雇用している企業，または(ii)フランスに所在する企業（フランス国外に本社を置く場合も含む）のうち，当該企業および直接的または間接的な子会社をあわせて1万人以上の従業員を雇用しているとの要件を満たす企業に対して適用される（1条）。

　対象となる企業形態は，株式会社，株式合資会社および単純型株式会社であり，有限会社や合名会社は対象外とされている[17]。

(3)　デュー・ディリジェンス計画の策定・実施義務等

　対象企業は，デュー・ディリジェンスの計画（監視計画）を策定し，これを実施し公表することが義務づけられている。このデュー・ディリジェンス計画は，企業の活動およびその取引関係（範囲については(4)参照）に伴う活動により，人権および基本的自由，関係者の健康・安全，環境破壊の深刻なリスクを特定し，防止するための適切な手段が含まれていることが必要とされる（1条）（ただし，環境リスクについては特に具体化されていない）。

　また，対象企業は当該リスクに関する計画書の作成・公表が求められ，当該計画書には以下の事項が含まれていなければならないとされている。

17　Conseil général de l'économie "Evaluation de la mise en œuvre de la loi n° 2017-399 du 27 mars 2017 relative au devoir de vigilance des sociétés mères et des entreprises donneuses d'ordre"（2020年1月）

> ・リスクの特定・分析・階層化を目的とするリスクマッピング
> ・子会社および企業が確立された取引関係を維持している下請業者またはサプライヤーの状況を，リスクマップに従って定期的に評価する手順
> ・リスクを軽減し，または重大な損害を防止するための適切なアクションプラン
> ・当該企業の労働組合の代表者と協議の上策定した，潜在的なまたは実際のリスクを収集するための通報メカニズム
> ・実施された措置をフォローアップし，その効率性を評価するためのモニタリングスキーム

(4)　デュー・ディリジェンスの実施範囲

　対象企業の事業活動のうち，仏企業注意義務法が適用される範囲は，(i)親会社の活動のみならず，(ii)直接的または間接的な子会社（直接的または間接的に議決権の過半数を保有している，2年連続の会計年度で管理・経営・監督機関のメンバーの過半数を任命している，または契約や法定条項により支配的な影響力を行使している企業），および(iii)確立された取引関係（契約の有無にかかわらず，一定の取引量を伴う安定的，定期的な関係であって，当該関係が継続する合理的期待を作出しているもの）を維持している下請業者やサプライヤーにまで及ぶとされている。

　また，企業が実施すべきデュー・ディリジェンスの範囲について，仏企業注意義務法は，指導原則における人権デュー・ディリジェンスの概念に対応することを序文において明示しており，指導原則と同様，デュー・ディリジェンスは，企業の活動が「悪影響を引き起こしているか，助長しているか，あるいは，その活動，製品，サービスが取引関係を通じて人権リスクに直接関連するものであるか」を評価するものであり，これらの実際の影響や潜在的な影響の深刻さや重要性に基づいて決定されるものとしている。

　企業のデュー・ディリジェンス計画およびその実施に関する報告書は公表され，会社の年次報告書に記載されることとされている。

(5)　不遵守に対する措置

　対象企業がデュー・ディリジェンス計画の策定，実施または公表を怠った場

合，関係者は関連する司法機関に苦情を申し立てることができる（1条）。対
象企業は，正式な通知を受け取った後，その義務を果たすために3カ月の猶予
期間が与えられるが，当該期間が過ぎても企業が義務を果たさない場合，裁判
所は企業に計画の公表を義務づけることができる。

　また，2021年1月にデュー・ディリジェンス計画の公表を怠った企業に対す
る政府の措置に関する議員の質問に対し，政府は以下の点を回答している。

・対象企業が通知を受領して3カ月の期間が経過した後，当事者が，会社が依然
　としてデュー・ディリジェンスの義務を遵守していないと考えた場合には，管
　轄裁判所に，必要に応じて罰則付きの遵守命令を申請することができる。
・被害者が主張する損害と会社が法律上の義務を遵守しなかったこととの間に因
　果関係があることを証明できる場合には，会社に対して通常の法律に基づく民
　事責任の訴訟を提起することができる（下記(6)参照）。

---

(6)　民事責任等

　対象企業が同法におけるデュー・ディリジェンスの実施義務等に違反し，こ
れにより損害が発生した際には民事的な責任を負い得るものとされ，適切な義
務の履行（十分なデュー・ディリジェンス計画の実施および公表）により回避
できたであろう損害を補償しなければならないとされている（2条）。もっと
も，原告は，企業の過失に加え，当該過失と損害との間の因果関係を立証する
必要がある上，原告が立証を要する「過失」は同法1条が規定した義務の違反
に起因するものでなければならない。そのため，企業が拘束力のある内容とし
て実効性のある計画を策定し実施していた場合にはたとえ損害が発生したとし
ても責任が否定されることになる。

　なお，同法には，当初3,000万ユーロを上限とする罰金が規定されていたが，
構成要件や違反の定義が不明確であり違憲であるとして当該罰則部分の規定は
削除されている[18]。

18　2017年3月23日付け決定（Décision n° 2017-750 DC du 23 mars 2017）。

(7)　関連訴訟

　上記(6)のとおり，仏企業注意義務法による企業の義務違反を理由とする損害の発生の立証は必ずしも容易ではない。もっとも，同法の施行後，NCPに対する申立て（第1章5(5)②参照）の件数が増加したとされているほか，市民団体等により同法を根拠として複数の訴訟がフランスの裁判所に提起され，あるいは同法の違反が告発されている。

- ・2019年，フランスとウガンダのNGOが，フランスの石油・ガス会社がウガンダで計画されている石油関連プロジェクトについて十分なデュー・ディリジェンスを実施しておらず，人権および環境に悪影響を与えている（地域住民に対して補償が適切になされていない，生物多様性が脅かされる等）と主張し，これらを抑止する措置の実施等を求めるもの
- ・2020年1月，フランスのNGO等が，フランスの石油・ガス会社に対して，同社が気候変動リスクについて十分なデュー・ディリジェンスを実施していないと主張してデュー・ディリジェンスの実施を求めるもの
- ・2021年3月，フランスや米国のNGO等が，フランスのカジノグループが展開するスーパーマーケットにおいて，ブラジルやコロンビアで製造された食肉の販売にあたり，森林破壊に関与した供給業者を使用した食肉処理場から食肉を調達することにより森林破壊等に関与しているとして，同法違反を主張し補償を請求しているもの

　これらの訴訟は2023年1月時点で係属中である。

5　ドイツサプライチェーン・デュー・ディリジェンス法

(1)　制定経緯

　ドイツでは，2016年12月にビジネスと人権に関する国別行動計画を策定し，一定規模以上のドイツ国内企業の50％が2020年までに指導原則に基づく人権デュー・ディリジェンスの実施を達成できない場合，法制化を検討するとしていたところ，2020年7月にドイツ政府が実施したサンプリング調査ではアン

ケート対象企業の5分の1未満しかこれを達成できていなかったことを背景として，法的拘束力を有する人権デュー・ディリジェンスの基準を制定することにより人権保護を強化するため，2021年3月3日，ドイツ国内企業に人権デュー・ディリジェンスを義務づけるサプライチェーン・デュー・ディリジェンス法（Lieferkettensorgfaltspflichtengesetz）が閣議決定された。その後，同法は同年6月25日に成立し，2023年1月1日から施行された。

(2)　適用対象

　ドイツにおいて本店，主要な事業所または登録事務所が存在する企業（ドイツ国内に登記支店を有する外国企業も含む）のうち，2023年にドイツ国内において3,000人以上の従業員を雇用する会社を対象として施行され，2024年からは1,000人以上の従業員を雇用する会社に適用が拡大される。

(3)　人権デュー・ディリジェンス実施義務等

①　人権リスク

　同法で対象とされる「人権」リスクはILO中核的労働基準を構成する基本8条約，国際人権規約を参照するほか，環境リスクとの関連では，3つの国際条約（水銀に関する水俣条約，残留性有機汚染物質に関するストックホルム条約，有害廃棄物の越境移動およびその処分に関するバーゼル条約）に基づき，環境関連の一定の義務が取り上げられており，人権侵害につながる場合（例：汚染された水）や，人間や環境にとって危険な物質の使用禁止が関係している場合が同法の「人権」に含まれるとされている点が特徴である。

- ・最低年齢（15歳）を下回る児童労働
- ・18歳未満の児童を対象とした最悪の形態の児童労働
- ・強制労働
- ・奴隷制，奴隷制に類似した行為
- ・労働安全衛生の不履行（雇用地の法律による）
- ・労働基本権（団結権，団体交渉権，団体行動権・争議権）の制限
- ・差別（血統，障害，年齢，性別，宗教等を理由とするもの）
- ・適切な賃金（適用される法律で定められた最低賃金以上）の支払を差し控える

> こと
> ・有害な土壌劣化，水質汚染，大気汚染，有害な騒音，水の過剰消費などを引き起こすこと
> ・不法な立ち退き，土地，森林，水の剥奪
> ・生命，身体，結社または組合の自由を害する等の結果を引き起こす場合において，治安部隊を使用すること

② デュー・ディリジェンス実施義務

同法の対象企業は，サプライチェーンにおける人権デュー・ディリジェンスを含む以下の事項の実施が義務づけられる（2条）。

なお，同法におけるサプライチェーンとは，原材料の採取から最終顧客への配送まで，製品を製造しサービスを提供するために要するドイツ国内および海外でのすべての工程を指し，企業が自らの事業領域内で行う行為のみならず，直接的なサプライヤーおよび間接的なサプライヤーの行動，ならびに商品の輸送や一時的な保管などの必要なサービスも含まれるとされる（ただし，一定のデュー・ディリジェンス義務については直接的なサプライヤーに限られる点は後述する）。

> ・リスクマネジメントシステムの構築（なお，リスクマネジメントの一環として，企業はリスク管理の責任者が規定されるように配慮するとともに，経営陣が，少なくとも年1回，担当者の業務内容について情報提供を受けなければならないとされている）
> ・定期的な人権リスクの分析を行うこと（人権への負の影響を特定するための手順を実施すること）
> ・人権の尊重に関する方針を起草し，採択すること
> ・自社の事業分野および直接的なサプライヤーに対する予防策を定めること
> ・人権・環境侵害の是正策を講じること
> ・上記リスク分析によりリスクが特定された場合に，適切な予防措置を講じること
> ・間接的なサプライヤーへの対処
> ・苦情処理手続（グリーバンス・メカニズム）を確立すること（内部での手続の確立または外部の手続への参加）

> ・年次報告書の提出を行うこと

③　リスク分析・対応

　同法に基づいて求められるデュー・ディリジェンス実施義務のうち，特にリスク分析として求められる事項は以下のとおりである（5条）。

> ・リスクマネジメントの一環として，リスク分析を行い，自社の事業および直接のサプライヤーとの間の人権および環境に関するリスクを特定すること
> ・特定された人権リスクおよび環境リスクについて優先順位づけを行うこと
> ・リスク分析は年1回実施するほか，新製品，プロジェクト，新規事業分野の導入などにより，サプライチェーンにおけるリスク状況が著しく変化したり，著しく拡大したりすることが予想される場合には，随時実施すること

　リスクが特定された場合の対応としては，直接のサプライヤーとの間で適切な契約条項を合意することや，トレーニングを提供することなどが含まれるとされており，企業は，特定された人権および環境関連のリスクを防止または最小化するような調達戦略および購入方法を実施しなければならないとされている。

　ただし，人権デュー・ディリジェンスにおいては，合理性の原則が適用されることから，企業は，その規模，事業活動の種類，サプライヤーへの近接性など，個々の状況を考慮して一次的には主要なリスクに対処することが求められており，すべての（合理的な）努力にもかかわらず，サプライチェーンにおいて人権侵害が発生した場合，企業は責任を負わないものとされる[19]。

　人権侵害が発生した場合，企業はただちに自社の事業領域内で改善策（人権侵害の停止に加え，さらなる防止策の導入を含む）を講じなければならず，直接的なサプライヤーであり，かつ予測可能な将来において人権侵害を終了させることができない場合には，問題を最小化し，回避するための具体的な計画を

19　FAQ参照（https://www.csr-in-deutschland.de/EN/Business-Human-Rights/Supply-Chain-Act/FAQ/faq.html）。

作成しなければならないとされている。

　一方で，間接的なサプライヤーの場合には，常にデュー・ディリジェンス実施の義務を負うわけではなく，人権侵害または環境問題に関する違反について裏づけのある具体的な情報がある場合にデュー・ディリジェンス実施が求められる（9条）。

⑷　企業の報告義務

　対象企業は，該当する会計年度終了後4カ月以内に報告書を所管官庁である連邦経済・輸出管理局(BAFA：Bundesamt für Wirtschaft und Ausfuhrkontrolle)に提出しなければならない（12条）。報告書に記載が求められる事項は以下のとおりである（10条）。

> ・企業が人権および環境関連のリスクを特定したかどうか，またどのようなリスクを特定したか
> ・企業がデュー・ディリジェンスの義務を果たすために何をしたか
> ・企業がどのように対策の影響と効果を評価しているか
> ・将来の対策として，リスク評価からどのような結論を導き出すか

⑸　不遵守の場合の措置

　本法の義務違反については，それ自体が民事上の責任を発生させるものではない点が明記されている（3条3項）。

　一方，連邦経済・輸出管理局は，企業がデュー・ディリジェンス義務を履行しているかを確認するため，個人の召喚，事業所への立ち入り，文書の検査・検討といった権限を有しており，これにより企業の講じるべき義務に不足がある場合に具体的な行動を行うよう定めることができる。

　また，対象企業が本法に基づく義務の違反を認識した場合，連邦経済・輸出管理局は当該企業に対し，3カ月以内に是正措置計画を提出することを求める場合がある（15条）。

　対象企業が故意または過失によりリスク分析の実施，苦情処理手続の確立，

予防措置の実施，既知の人権侵害の効果的な停止などの義務を遵守しなかった場合には最大80万ユーロ（ただし，グローバルでの平均年間売上高が4億ユーロを超える企業については最大で平均年間売上高の2％）の過料等の制裁が定められている（24条）[20]。

　さらに，同法に違反した企業は，一定額以上の行政罰（違反の重大性に応じた基準額とされる）が科せられた場合，最長3年間，公共契約の締結から除外される可能性がある（22条）点に留意する必要がある。

(6) 訴訟追行権限の付与

　同法により，生命や身体などの最重要な法的地位が侵害される可能性がある場合に，被害を受けた者が，国内の労働組合や非政府組織（NGO）に対して，民事訴訟の追行権限を与えることが可能となっている（11条）。

6 ┃ オランダ児童労働デュー・ディリジェンス法

(1) 制定経緯

　オランダでは，児童労働を利用して生産または製造されたサービスがオランダ市場で提供されないようにすることを目的とし，2019年10月，企業に対しサプライチェーンにおける児童労働についてデュー・ディリジェンスの実施を義務づける児童労働デュー・ディリジェンス法（Child Labour Duty of Care Act／Wet zorgplicht kinderarbeid）が成立した。本法はいまだ施行時期が確定しておらず，以下の内容は今後政令の制定等により変更される可能性がある。また，オランダ政府は，別途対象範囲を拡大した人権デュー・ディリジェンス法令の制定の方向性についても公表しており，今後の動きにも留意する必要がある。

20　本法に基づく執行状況については今後の施行を待つ必要があるが，本法はあくまでも優先順位に基づいたデュー・ディリジェンスを求めるものであり，仮に何らかの人権リスク（たとえば，サプライヤーの従業員に対する強制労働）が発現した場合であっても，適切にデュー・ディリジェンスを行い，かつ是正措置を講じているなど本法上の義務を履行していた場合には，制裁を免れることができると考えられる。

(2)　適用対象

　オランダのエンドユーザーに商品またはサービスを販売または供給する企業が適用対象となり，オランダで設立されているかを問わない（ただし，単に製品が輸送される場合には該当しない）（4条）。そのため，現地に進出している日本企業のみならず，オランダ市場に事業展開している日本企業も対象となる。

(3)　対象となる「児童労働」

　同法でデュー・ディリジェンスが義務づけられる「児童労働」とは，以下の場合に該当するとされている（2条）。

---

①　18歳未満の者による雇用内外のあらゆる形態の労働であって，1999年児童労働条約3条に言及されている最悪の形態の児童労働に属するもの
②　労働が1973年最低年齢条約の締約国の領域内で行われる場合，同条約を実施する国の法律で禁止されているあらゆる形態の労働
③　1973年最低年齢条約の締約国ではない国の領域で労働が行われる場合，(i)義務教育期間の者または15歳未満の者が行う雇用内外のあらゆる形態の労働，(ii)18歳未満の者が就業中または就業外に行うあらゆる形態の労働であって，当該労働の性質または当該労働が行われている状況により，青少年の健康，安全または道徳に影響を与え，危険にさらす可能性があるもの（ただし，1973年最低年齢条約7条1項で言及されている，13歳以上の者によって1週間に最大14時間行われる軽易な活動は例外として許容される）

---

(4)　企業の児童労働に関するデュー・ディリジェンスおよび報告義務

　対象企業は，供給される商品またはサービスが児童労働を利用して生産または製造されたという合理的な疑いがあるかどうかを調査し，合理的な疑いがある場合には行動計画（action plan）を定めた上でこれを実行することが義務づけられる（4条，5条）。また，企業は，デュー・ディリジェンスの義務を履行しているとの声明を監督機関に対して提出しなければならないとされている。
　また，企業のステークホルダー（同法の規定を遵守する企業の作為または不

作為により，自身の利益が影響を受ける個人または法人）は，具体的な証拠を提示した上で監督機関に苦情を申告することができ，監督機関は苦情が申告された後，（会社の対応期間を経て）6カ月後以降に苦情処理を行うこととされている。

(5)　罰　　則

　対象企業が同法に違反してデュー・ディリジェンスの実施を怠った場合，刑法23条に基づき，制裁金（最大90万ユーロまたは売上高の10％）が科され得る。

7 ｜ 米国カリフォルニア州サプライチェーン透明法

(1)　制定経緯

　米国では，連邦レベルにおいて，人権デュー・ディリジェンスを義務づける法令は未成立である（2023年1月時点）。もっとも，米国カリフォルニア州においては，2010年9月，サプライチェーン透明法（California Transparency in Supply Chains Act of 2010）（「加州サプライチェーン法」）が制定され，2012年1月に施行された。同法は，製品のサプライチェーンにおいて人身売買や奴隷制に関する企業の取組みに関する情報開示がない場合，消費者は奴隷制や人身売買の影響を受けない製品を供給する取組みの有無で企業を区別することができないという不利益を被っていることから，これらの情報を消費者利益の観点から消費者に対して提供すべきであるとの考え方に基づくものである。

(2)　適用対象

　加州サプライチェーン法は，カリフォルニア州で事業を行う小売業者または製造業者であり，かつ全世界での年間総売上高が1億米ドルを超える企業に対して適用される（3条）。
　「カリフォルニア州で事業を行う」とは，歳入租税法（RTC：Revenue and Taxation Code）（23101条）に基づき，以下のいずれかの場合に該当することとされる。

> ①　カリフォルニア州で設立され，または，同州内に商業上の住所を有する。
> ②　カリフォルニア州における年間売上高が一定の基準金額（2020年度は約61万米ドル[21]），あるいは，総売上高の25％を上回る。
> ③　カリフォルニア州における固定資産が一定の基準金額（2020年度は約6万米ドル），あるいは，当該事業者が所有する固定資産合計の25％を上回る。
> ④　カリフォルニア州において支払う従業員への給与総額が一定の基準金額（2020年度は約6万米ドル），あるいは，事業者が支払う全従業員への給与総額の25％を上回る。

(3)　企業の義務

　対象企業は，サプライチェーンにおける人身取引および奴隷制の検証（verification），監査，認証，内部手順，および研修の5つのカテゴリーについて取組みを開示しなければならず，特に以下の事項について開示が義務づけられている。すなわち，対象企業は，サプライチェーンにおける人身取引および奴隷制の検証等を義務づけられるわけではないものの，実施の有無について開示を求めるという形で企業の取組みが促されている。

> ・検証（verification）：企業が人身売買および奴隷に関するリスクを評価し対処するために製品のサプライチェーンについて行っている検証の有無を開示する。また，検証が第三者により実施されていない場合にはこれを明示しなければならない。
> ・監査：サプライチェーンにおける人身売買と奴隷制に関する当該企業の基準をサプライヤーが遵守しているか否かを評価するためのサプライヤーに対する監査実施の有無を開示する。監査が独立した立場で実施される抜き打ち監査でない場合にはこれを明示しなければならない。
> ・認証：製品に組み込まれる材料が，事業を行っている国または地域の奴隷制と人身売買に関する法律を遵守していることを証明するよう，直接のサプライヤーに要求しているか否かを開示する。
> ・内部手順：従業員や下請業者が奴隷制および人身売買に関する企業の基準を満たしているかの基準および手続を開示する。

21　State of California Franchise Tax Board "Doing business in California"

> ・研修：企業の従業員および経営陣に対する，製品のサプライチェーン内での人身売買および奴隷制のリスクの低減に関する研修の実施の有無を開示する。

　対象企業における上記の事項に関する開示は，ウェブサイト等への掲載がなされなければならないとされている（3条）ものの，官庁に対する報告書の提出までは求められていない（なお，対象企業がウェブサイトを有していない場合には，消費者からの書面による開示要請を受けてから30日以内に書面による対象事項の情報提供を行わなければならない）。

⑷　不遵守に対する措置

　加州サプライチェーン法違反に対する金銭的な罰則規定は存在しないが，対象企業が同法に違反した場合，カリフォルニア州司法長官は強制履行命令を求める救済訴訟を提起することができる（3条）。なお，2015年4月には，同州司法長官により，対象企業に対し，加州サプライチェーン法の遵守を求めるレターが発出されたものの，2023年1月時点で救済訴訟が提起された事案は確認されていない。

⑸　関連訴訟事例

　上記のように，加州サプライチェーン法に基づく監督官庁の制裁については限定的であるが，一方で，同法の制定後，同法を根拠とするクラスアクションが提起されている点に留意すべきである。

> ・米国の大手小売企業のサプライチェーンにあるタイの水産会社が人身売買の被害者を劣悪な環境下で働かせて採取した海老等を当該大手小売企業等に出荷している旨を英国の新聞紙が報道した[22]ところ，カリフォルニア州に居住する消費者は，2015年，当該大手小売企業が人身売買や奴隷制を禁止する行動規範を遵守しているとの開示内容が虚偽で誤解を招くものであり，詐欺的な広告表示が行われたとして，同法を根拠としてカリフォルニア州北部地区連邦地方裁

22　The Guardian "Revealed：Asian slave labour producing prawns for supermarkets in US, UK"（2014年6月10日）

判所にクラスアクションを提起した[23]。2016年，同裁判所は，原告が購入した海老等が当該水産会社から出荷されたものであることが特定されていないとして，訴訟を却下している。

・スイスに本社を置く大手食品会社が，同社のキャットフードの一部に強制労働で調達された魚介類が含まれている可能性があることの開示を怠ったことにより加州サプライチェーン法に違反したとして，2015年にカリフォルニア州の消費者が同企業に対してクラスアクションを提起した[24]。カリフォルニア州中央地区裁判所は，当該大手食品会社が同法に基づくコンプライアンスプログラムを開示しており，サプライチェーンにある特定の事業者が強制労働を行っている事実までを開示することを義務づけるものではないとして，当該請求を棄却している。

8 EU

(1) 企業持続可能性デュー・ディリジェンス指令案

① 制定経緯

2020年4月に欧州委員会のディディエ・レンデルス司法委員（Didier Reynders）が人権デュー・ディリジェンスを義務化する方針を公表した。これを受けて同年9月，欧州議会法務委員会は，人権デュー・ディリジェンスの義務化を含むEU指令の原案を公表し，欧州委員会に対し，同原案を考慮し速やかに指令案の提出を行うよう要請した。その後，同原案をベースとして意見聴取の手続が行われ，EU指令案は2021年半ばに公表される予定であったが，数度にわたり延期され，最終的に2022年2月23日に企業持続可能性デュー・ディリジェンス指令案（「指令案」）として公表された。

今後，同指令案は欧州議会および欧州理事会に提出され，採択された後，加盟国は2年以内に同指令に沿った国内法の制定が求められることになる（一部の適用対象企業については後述のとおり適用後2年間の猶予期間が設けられる）。そのため，内容は今後変更される可能性があるが，重要性に鑑み，本書

23　Monica Sud v. Costco Wholesale Corporation et al.
24　Barber v. Nestle USA, Inc.

でも同指令案の内容を紹介するものである。

　今後，デュー・ディリジェンスに関しては，拘束力のないモデル契約条項に関するガイダンスが採択されることが見込まれる（12条参照）。また，本章で各国法について言及したが，特にEU加盟国については，同指令案に従い，またはこれに先行して，修正され強化される可能性がある点に留意する必要がある。

　なお，EUにおいては，2014年10月に採択され，2017年より適用が開始されたEU非財務情報開示指令（2014/95/EU）（NFRD：Non-Financial Reporting Directive）により，EU域内における従業員500名超の上場企業や金融機関等の大規模事業者に対し，人権，環境，社会，労働，腐敗防止といった非財務情報に関する主要な影響とリスクについて，これらの問題に対処するために実施したデュー・ディリジェンスのプロセスを含めた情報開示が義務づけられている。そのため，当該要件を満たす企業は同指令に基づく開示義務も求められている点にもあわせて留意されたい[25]。

　② 　適用対象

　指令案における対象企業は，以下の要件を満たす企業とされている（2条）。EU域内に拠点を有しない日本企業も，以下の売上高を（EU域内における純売上高をベースとして）満たす場合には適用対象となる点に留意が必要である。グループ2についてはグループ1よりも2年遅れて規則が適用されることが予定される。

・グループ1：従業員数が500人超で，かつ全世界の純売上高が1億5,000万ユーロ超であるEU企業，または
・グループ2：従業員250人超で，かつ全世界の純売上高が4,000万ユーロ超のEU企業のうち，純売上高の50％以上が「高リスク」セクター（繊維，衣料，履物，農林水産，食品，採掘を含む）で発生している企業

25　2021年4月には，欧州委員会はEU非財務報告指令の改訂案（CSRD：Corporate Sustainability Reporting Directive）を公表し，開示義務の対象企業を年間の平均従業員数250名超，売上高4,000万ユーロ以上，総資産2,000万ユーロ以上の3つの基準のうちいずれか2つ以上の基準を満たす大企業として拡大するなどの方向を示している。

- ・EU域内に拠点を有しないがEU域内で事業活動を行っている企業については，EU域内における純売上高が1億5,000万ユーロ超である企業（グループ1），または純売上高が4,000万ユーロ超1億5,000万ユーロ以下であり，全世界の純売上高の50％以上が上記の「高リスク」セクターで発生している企業（グループ2）。

　なお，適用対象については当初，EU指令原案において，(i)EU加盟国の法律に準拠しているか，またはEU域内で設立された事業体，および(ii)上記(i)に該当しない場合であっても，事業体がEU域内の市場で物品の販売またはサービスの提供を行う場合には当該事業体に適用されるとしており（原案2条），EU域内に拠点を有しない企業も広く適用対象となり得ることが規定されていたが，中小企業への負担等を鑑み，指令案では上記のような売上高等の要件が課されている。グループ1に該当するEU企業は9,400社，グループ2に該当するEU企業は3,400社と試算されており，適用対象企業が限定されたことに対してはNGO等から批判もあるところである。

③　デュー・ディリジェンス実施義務

　指令案では，適用対象企業においてバリューチェーン全体におけるデュー・ディリジェンス義務（方針の策定，人権・環境デュー・ディリジェンスの実施，苦情申告手続の確立，定期的なモニタリング，および公表）が求められており，具体的な要求事項としては以下のものが含まれる。

（i）企業の方針の策定（5条）

　企業がデュー・ディリジェンスをすべての企業方針に統合し，デュー・ディリジェンスの方針の策定および年次での更新を行うことが求められる。また，同方針は，デュー・ディリジェンスに対する企業の取組み，企業の従業員や子会社が従うべき行動規範，デュー・ディリジェンスを実施するために導入されたプロセスについての記述を含むべきである。

（ii）企業によるデュー・ディリジェンス実施義務（6条，7条）

　企業が自らの事業，子会社，およびバリューチェーンの中で確立された直接的または間接的なビジネス関係において，実際のまたは潜在的な人権および環

境への負の影響を特定するための適切な措置を講じることが求められる（グループ2の企業については，当該高リスクのセクターに関連する実際のまたは潜在的である「深刻な」負の影響のみを特定することが求められる。また，金融機関において与信・融資その他の金融サービスを提供する場合，実際のまたは潜在的な人権上および環境上の負の影響の特定は，そのサービスを提供する前にのみ実施義務が定められている）。なお，指令案の原案では，デュー・ディリジェンスの対象は，人権，環境に加えて汚職防止等のグッドガバナンスが含まれていたが，指令案では人権，環境に関するデュー・ディリジェンスのみに限定されている。

　ここでいう「バリューチェーン」とは，企業による商品の生産やサービスの提供に関連する活動をいい，商品やサービスの開発，商品の使用や廃棄のほか，企業の川上および川下の確立したビジネス関係（established business relationships）の関連活動も含まれるものとされている（3条(g)）[26]。

　確立したビジネス関係とは，継続的であるか，継続的であることが予想され，かつバリューチェーンの軽微な部分や補助的な部分は含まれないとしている（3条(f)）。

　デュー・ディリジェンスにおいては，グリーバンス・メカニズム（申告窓口）を通じて収集された情報等のリソースを用いることが求められ，必要に応じて，実際のまたは潜在的な負の影響に関する情報を収集するために，労働者を含む影響を受ける可能性のあるグループおよびその他の関連するステークホルダーとの協議を実施しなければならない。

(iii)　潜在的な負の影響の防止（7条）

　デュー・ディリジェンスの結果，特定された潜在的な負の影響を防止するため，あるいは防止が不可能な場合や段階的な実施が必要な場合には，これらの影響を適切に緩和するために，企業が適切な措置をとることが求められる。

　また，企業は，関連性がある場合には，潜在的な負の影響の防止に関連して，

26　特に金融機関との関係における「バリューチェーン」は，与信・融資その他の金融サービスを行う事業活動および金融サービスを実施しているグループ会社の事業活動のみを含み，当該金融機関から融資，信用，資金調達，保険，再保険を受けている中小企業を対象としないものとされている（3条(g)）。

以下の行動をとることが求められる。

・影響を受けるステークホルダーとの協議を行い，潜在的な負の影響を防止する行動計画を策定し，実施する（行動計画は，定性的および定量的な基準を含めることが求められる）。
・直接的な取引関係にある取引先等に，企業の行動規範（および必要に応じて行動計画）の遵守を保証することを契約で求める。
・経営や生産プロセス，インフラなどに必要な投資を行う。
・行動規範や行動計画の遵守が中小企業の存続を危うくするような，企業が確立したビジネス関係にある中小企業に対して，適切なサポートを提供する。
・競争法を含むEU法に準拠した上で，他の企業と協力する。

　企業がとった措置により十分に潜在的な負の影響を予防ないし緩和できなかった場合，企業は影響が生じたバリューチェーンに関連する，または関連する取引先等との新規または既存の契約による取引関係の拡大を控えることが求められるとともに，法令等により可能な場合には，(ア)当該取引先等との取引関係を一時的に停止する一方で，予防と最小化のための努力を行う（これらの努力が短期的に成功すると合理的に期待できる場合），(イ)潜在的な負の影響が深刻な場合，当該活動に関する取引関係を終了させる，といった措置をとることが求められる[27]。

　(iv)　実際の負の影響を終息させる（8条）

　企業が実施したデュー・ディリジェンスの結果，企業が特定した，または特定し得た実際の人権および環境への負の影響については，企業がこれを終息させるために適切な措置をとることが求められる。一方で，そのような負の影響を終わらせることができない場合，企業はその影響の程度を最小限にすることが求められる。

　企業は，必要な場合には，影響を受けた者への損害賠償や影響を受けた地域社会への金銭的補償を含め，負の影響を中和し，その程度を最小限に抑えるこ

27　ただし，金融機関による融資等の提供にあたっては，金融サービスの提供対象企業に対して実質的な不利益をもたらすことが合理的に予想される場合には，当該金融サービスを終了することは要求されないとされる。

と[28]のほか，是正措置計画の策定や，取引先等に対して行動規範や是正措置計画の実行を誓約させるなどの行動をとること等が求められる。

　潜在的な負の影響の場合と同様，企業がとった措置によっても負の影響を終息させ，または影響を最小限にできなかった場合には，企業は負の影響が生じたバリューチェーンに関連する，または関連する取引先等との新規または既存の契約による取引関係の拡大を控えることが求められるとともに，法令等により可能な場合には，(ｱ)当該取引先等との取引関係を一時的に停止する一方で，悪影響の終息または最小化のための努力を行い，(ｲ)負の影響が深刻な場合，当該活動に関する取引関係を終了させる，といった措置をとることが求められる。

　(v)　グリーバンス・メカニズムの確立（9条）

　企業のバリューチェーンを含む潜在的または実際の人権・環境への負の影響に関する正当な懸念がある場合に，企業に申告できるようにするため，グリーバンス・メカニズムの確立を定めている。

　企業は，負の影響を受けている人，または負の影響を受ける可能性があると信じる合理的な理由がある人，当該バリューチェーンで働く個人を代表する労働組合やその他の労働者の代表，および当該地域で活動する市民団体に対して，申告窓口を提供することが求められる。また，企業は申告に対するフォローアップと申告者との協議が求められている。

　(vi)　モニタリング（10条）

　企業が人権・環境リスクのデュー・ディリジェンスを実施するにあたり，負の影響が適切に特定され，予防措置または是正措置が実施されていることを確認し，負の影響がどの程度まで防止または終息したか，あるいはその程度が最小化されたかを判断するために，少なくとも12カ月に一度のレビューを通じて，企業がデュー・ディリジェンス措置の実施状況を定期的に評価し，その結果に応じてデュー・ディリジェンスの方針を更新することが求められる。

　(vii)　年次ステートメントの公表（11条）

　前年度中に企業が実施したデュー・ディリジェンス措置について，企業のウェブサイト上で年次ステートメントを公表することが求められる。

28　負の影響の重大性および規模，ならびに負の影響に対する企業の行為の寄与度に比例したものであることが要求される。

EUでは，上述のとおり，すでに非財務情報開示指令（NFRD：Non-Financial Reporting Directive）の対象企業については，同指令に基づき人権尊重等に関連するデュー・ディリジェンスの方針やデュー・ディリジェンスの実施結果等についてComply or Explain原則（実施または実施しない理由の説明）に基づき開示が求められているが，指令案はこの対象企業の要件を満たさない場合にも年次での公表を求めるものである点に留意が必要である。

④　デュー・ディリジェンスの対象となる人権・環境リスク

指令案が対象とする人権侵害・環境リスクは，以下のとおり，かなり広範である（詳細については指令案の付属書パート１（人権），パート２（環境）を参照されたい）。

【人権侵害】
・土地の天然資源を処分し，生活手段を奪われないという人々の権利（市民的及び政治的権利に関する国際規約（自由権規約）１条）
・世界人権宣言で定める以下の基本的権利の侵害
　－生命および安全に対する権利の侵害
　－拷問，残虐，非人道的または屈辱的な取扱いの禁止への違反
　－自由と安全に対する権利の侵害
　－個人のプライバシー，家族，家庭，通信に対する恣意的または違法な干渉，および名誉に対する攻撃の禁止への違反
　－思想・良心・宗教の自由への干渉の禁止
・経済的，社会的及び文化的権利に関する国際規約（社会権規約）で定める労働に関する権利の侵害で定める労働に関する権利の侵害
　－公正な賃金，相応な生活，安全で健康的な労働条件および合理的な労働時間の制限を含む公正で良好な労働条件を享受する権利の侵害
　－一定の場合に，労働者が適切な住居にアクセスすることを制限すること，および労働者が職場において適切な食料，衣類，水および衛生設備にアクセスすることを制限することの禁止に違反すること
・子どもの権利条約で定める子どもの権利侵害
　－子どもに影響を与えるすべての意思決定および行動において，子どもの最善の利益が第一に考慮されるという子どもの権利の侵害
　－子どもがその可能性を最大限に発揮して成長するという子どもの権利の侵害
　－達成可能な最高水準の健康を得るという子どもの権利の侵害

　　－社会保障および適切な生活水準を得る権利の侵害
　　－教育を受ける権利の侵害
　　－あらゆる形態の性的搾取および性的虐待から保護され，搾取を目的として国
　　　内外の別の場所に拉致されたり，売られたり，不法に移動させられたりする
　　　ことから保護される子どもの権利の侵害
・その他児童労働等
　　－就業が認められるための最低年齢に関する条約において定める，15歳未満
　　　の者の雇用の禁止に違反すること（雇用地の法令が別途定める場合を除く）
　　－子どもの権利条約および最悪の形態の児童労働条約に基づく児童労働の違反
　　　行為（あらゆる形態の奴隷制，または債務による束縛等の奴隷制に類似した
　　　慣行，売春，ポルノ制作，ポルノ出演のために児童を使用，調達，提供する
　　　こと。違法な活動，特に薬物の生産や取引のために児童を使用，調達，提供
　　　すること，その性質または実施されている状況から，児童の健康，安全また
　　　は道徳を害する可能性のある業務に従事させること）
・強制労働の禁止（債務による束縛や人身売買の結果として，何らかの罰則の威
　嚇の下で人から強制的に徴収され，当該人が自発的に自らを提供していないす
　べての労働またはサービスが含まれる）
・職場におけるあらゆる形態の奴隷制，奴隷制に類似した慣行，農奴制，その他
　の形態の支配や抑圧の禁止に違反すること
・人身取引議定書が定める，人身取引の禁止に違反すること
・労働者の結社の自由，集会の自由，団結権および団体交渉の自由の権利の侵害
・雇用における不平等な取扱いの禁止に違反すること（特に，同一価値の労働に
　対して不平等な報酬を支払うことを含む）
・適切な生活賃金の保留の禁止に対する違反
・有害な土壌の変化，水や大気の汚染，有害な排出物や過剰な水の消費，その他
　の天然資源への影響など，測定可能な環境悪化を引き起こすことの禁止に違反
　した場合（例として，食糧の保存と生産のための自然の基盤を損なうこと，安
　全で清潔な飲料水へのアクセスを拒否すること，人が衛生施設にアクセスする
　ことを困難にすること，人の健康，安全，財産や土地の正常な使用，または経
　済活動の正常な実施を害すること，森林破壊など，生態系の健全性に影響を与
　えること）
・人の生計を確保するための土地，森林および水の取得，開発またはその他の利
　用（森林伐採を含む）に際し，人を不法に立ち退かせたり，土地，森林および
　水を奪ったりすることの禁止に違反すること
・先住民族が伝統的に所有し，占有し，またはその他の方法で使用もしくは取得
　してきた土地，領土，資源に対する先住民族の権利の侵害
【環境における禁止事項】
・生物多様性の保護に関連し，（i）生物多様性への負の影響を回避または最小化す

るために，生物資源の利用に関連する必要な措置を講じる義務[29]に違反すること，(ii)「絶滅のおそれのある野生動植物の種の国際取引に関する条約」(CITES : Convention on International Trade in Endangered Species of Wild Fauna and Flora) の付属書に含まれる標本を許可なく輸入または輸出することの禁止に違反すること

・水銀の取扱いに関連し，(i)水俣条約に基づく水銀添加製品の製造の禁止に違反すること，(ii)製造工程における水銀および水銀化合物の使用禁止に違反すること，(iii)水銀廃棄物の処理の禁止に違反すること
・残留性有機汚染物質の取扱いに関連し，(i)ストックホルム条約（POPs条約）に基づく化学物質の製造および禁止に違反すること，(ii)ストックホルム条約に基づき適用される管轄区域における法令により規定される，環境に配慮していない方法での廃棄物の取扱い，収集，保管および処分の禁止に違反すること
・化学物質の取扱いに関連し，(i)「国際貿易の対象となる特定の有害な化学物質及び駆除剤についての事前のかつ情報に基づく同意の手続に関するロッテルダム条約」(PIC条約)[30]の付属書Ⅲに記載されている化学物質を，輸入国が事前情報提供同意 (PIC : Prior Informed Consent) 手続に沿って指摘した場合の輸入禁止に違反すること，(ii)オゾン層を破壊する特定物質の保護に関するウィーン条約およびオゾン層を破壊する物質に関するモントリオール議定書に基づく段階的な廃止後の生産・消費の禁止に違反すること
・有害な廃棄物の取扱いに関連し，(i)有害な廃棄物の国境を越える移動およびその処分の規制に関するバーゼル条約において禁止される有害廃棄物等の輸出の禁止に違反すること，(ii)同条約で禁止されるバーゼル条約非締結国からの有害廃棄物等の輸入禁止に違反すること

⑤　その他の企業の義務

指令案の特徴として，以下のとおり取締役の義務等があわせて定められている。

(i)　気候変動への対応（15条）

グループ1の企業については，企業のビジネスモデルおよび戦略が，持続可能な経済への移行，およびパリ協定に沿った地球温暖化の1.5℃への抑制に適

29　遺伝子組換え生物の開発，取扱い，輸送，使用，移転および放出に関するカルタヘナ議定書および「生物の多様性に関する遺伝資源の取得の機会及びその利用から生じる利益の公正かつ衡平な配分に関する名古屋議定書」の義務を含むものとされる。
30　輸出国は，特定の有害物質の輸出に先立って，輸入国政府の輸入意思を確認した上で輸出を行うこと等を規定している。

合していることを確保するための計画を採用することが求められ，同計画では，特に，企業が合理的に入手できる情報に基づき，気候変動が企業の事業のリスクまたは影響となる範囲を特定しなければならない。

　また，気候変動が企業の事業の主要なリスク，または主要な影響として認識されている，または認識されているべきである場合，企業はその計画に排出削減目標を含めなければならない。

　(ⅱ)　監督機関の権限および制裁（18条，20条）

　加盟国が権限を付与する監督機関は，是正措置や金銭的制裁を科すなどの権限を有する[31]。本指令違反に対する制裁は実効性，比例性（proportionate），および違反を制止させる効力を有する（dissuasive）ものでなければならず，金銭的制裁は企業の売上高に基づくものとされる。

　(ⅲ)　民事責任（22条）

　企業がデュー・ディリジェンスの実施義務（7条に定める予防義務，および8条に定めるリスクの是正義務）を怠った場合，企業はこれにより生じた損害を賠償する責任を負うものとされる。ただし，直接的な取引先に対して契約上の保証を求め，遵守状況を検証していた場合には，間接的な取引先により生じた負の影響による損害賠償責任を負わないとの免責規定が存在している（22条2項）。

　(ⅳ)　取締役の注意義務（25条，26条）

　指令案では，取締役の責任として，(ア)取締役が企業の利益のために行動する際に，その判断が人権，気候，環境に与える影響を考慮すること，(イ)企業のビジネスモデルと戦略が，持続可能な経済への移行およびパリ協定による1.5℃目標に適合するような計画を採用すること，および(ウ)ステークホルダーや市民団体からの関連する意見を十分に考慮した上で，企業のデュー・ディリジェンス・プログラムを導入し，監督する責任を有することとされている。なお，当該取締役の義務については，EU域内で設立された企業のみに限定される。

31　この点，本指令の原案では，故意または重過失によって侵害行為が繰り返された場合には刑事罰を構成すべきであるとの言及がされていたが，本指令案では刑事罰についての直接的な言及はなされていない。

(2) 強制労働のリスクに関するガイダンス

欧州委員会および欧州対外行動庁（EEAS：European External Action Service）は，EU企業持続可能性デュー・ディリジェンス指令の採択に先立ち，2021年7月，「EU企業が事業活動やサプライチェーンにおける強制労働リスクに対処するためのデュー・ディリジェンスについて」と題するガイダンス[32]を発出した。同ガイダンスは法的拘束力を有しないものの，同指令やそれに基づいた各国法が施行されるまでの間，特に強制労働に関する人権デュー・ディリジェンスの実施について参考になると思われる（なお，欧州委員会は，指令案を2022年2月に提出するに際し，強制労働により生産された製品をEU市場において禁止するための立法イニシアチブを準備している旨を公表しており，別途，強制労働により生産された製品のEU域内での流通を禁止する規則案を制定している（第4章4(2)参照））。

同ガイダンスは，指導原則やOECD多国籍企業行動指針に沿った形で，人権デュー・ディリジェンスのフレームワークをベースとした次の6つのステップを示している。

(ⅰ) 責任ある事業活動を企業の方針とマネジメントシステムに組み込む。
(ⅱ) 当該企業の事業，サプライチェーン，取引関係における実際のまたは潜在的な負の影響を特定し，評価する。
(ⅲ) 負の影響の停止，防止，および軽減。
(ⅳ) 実施および結果の追跡。
(ⅴ) 影響に対する対処方法を公表する。
(ⅵ) 必要に応じて是正策を提示し，または（軽減のために）協力する。

また，強制労働に関する留意事項や，強制労働のリスク要因として以下のような点を指摘している。

---

32 Guidance on Due Diligence for EU Businesses to Address the Risk of Forced Labour in their Operations and Supply Chains

①　強制労働の方針等に関する留意事項

　本ガイダンスでは，企業の方針とマネジメントシステム（上記6つのステップのうちの(i)）で定めるべき内容について，以下の事項が推奨されている。

- ・強制労働に対する「ゼロ・トレランス・ポリシー」を，企業のサプライチェーンにおける強制労働関連のその他の方針とあわせて明記する。
- ・方針およびマネジメントシステムでは，サプライヤーや従業員等が，強制労働のリスクや事案を報告することで報復を受けないことを明確にする必要がある。また，サプライヤーや従業員等が強制労働のリスクや事案を報告することを抑制するものであってはならず，報告されたリスクがどのように対処され，必要に応じてエスカレーションされるかについての明確な手続を示さなければならない。
- ・強制労働の構成要素（一般的な形態，脆弱な立場の労働者の種類やサプライチェーン，特にリスクの高い状況で事業を行うことが想定されるサプライヤーへの期待等）について企業の主要な従業員等（調達担当者等）やサプライヤーと認識を共有する。

---

②　強制労働のリスク要因

　同ガイダンスでは，デュー・ディリジェンスの一環でサプライチェーンを調査する（上記6つのステップのうちの(ii)）際に考慮を要する，強制労働のリスク要因（いわゆる「レッドフラッグ」と呼ばれるもの）として以下のとおり，カントリー・リスク要因，移民および非正規労働に関連するリスク要因，債務の存在につながるリスク要因といった3つの分類を示している。そして，企業のサプライチェーンにおいてこれらのレッドフラッグが特定される場合には，より詳細な情報収集等のデュー・ディリジェンスが推奨されている[33]。

33　各要因のうち，カントリー・リスク要因は類型的には最も広範な概念であり，移民および非正規労働に関連するリスク要因ならびに債務の存在につながるリスク要因については，基本的に個別のサプライヤー単位で判断されるべき要素であると思われる。そのため，カントリー・リスク要因については，一次的なリスク評価基準とし，残りのリスク要因についてはサプライヤー（またはサプライヤー候補）へのアンケート等の形で確認することもあり得るように思われる。

【カントリー・リスク要因】
・ILO基本条約を批准していない国，または実施実績の乏しい国
・大規模な国家発展プログラムのための大衆動員や，民族的または宗教的にマイノリティに属する人々を対象とした労働・職業プログラム等を行っている国
・平和的なストライキ行動を違法とする法制度
・未決拘禁者を非自発的に労働させる政策やプログラムを有する国
・政府・雇用主等の脅威等により，深度あるリスク評価を行うことができないこと

【移民および非正規労働に関連するリスク要因】
・移民労働者（特に非正規の移民労働者）の雇用
・政府系のあっせん業者を含む第三者経由であっせんされた労働者
・住み込みの労働者，または雇用主に関連する施設に居住する労働者
・非正規雇用の労働者の存在
・書面による労働契約の欠如
・職場，特に危険な環境における子どもや青少年の存在
・労働者が現地語を話せないこと

【債務の存在につながるリスク要因】
・労働者に対する信用協定や債務スキームの存在
・労働者が賃金を自由に処分することに対する制約（賃金の不相応な部分が住居費として控除される場合等）
・労働者が自身の身分証明書や在留資格証明書を自由に入手できないこと
・国内法や（該当する場合は）労働協約で認められている以上の時間外労働を，罰則の脅威により労働者に強要すること
・身体的または心理的な虐待，暴力，ハラスメント

③　高リスクのサプライヤー等に関するより詳細なデュー・ディリジェンス

　同ガイダンスでは，強制労働のリスクが高いサプライヤーまたはサプライチェーンの詳細なリスク評価を実施する際の留意点として，以下を含む事項が推奨されている。

・サプライヤーが利用しているあっせん業者や，高リスク地域において原材料を調達するなど（サプライチェーンの）上流で事業を行う取引先等の「チョーク・ポイント」（戦略的に重要な部分）を徹底的に評価するなど，リスクが高

い部分のチェックを強化する。
・リスクの高い分野では，労働組合，市民団体，その他の専門家との広範なステークホルダー・エンゲージメントを実施する。
・高リスク分野の担当者やサプライヤーに対するトレーニング，およびサプライヤーの事前資格審査を強化する。
・情報収集と職場評価の実施のために，独立した抜き打ちでの労働現場および労働者へのアクセスを確保する。
・安全な環境で，管理職の立ち会いなしに，必要に応じて通訳を介して労働者を面接する（例：移民労働者や少数民族に属する労働者の場合）。

④　デュー・ディリジェンスにより発見された強制労働のリスクに対する対処

　同ガイダンスは，デュー・ディリジェンスにより発見された強制労働のリスクに対処する（上記6つのステップのうちの(ⅲ)ないし(ⅵ)）際の考慮事項として，以下を含む事項を示している。

【強制労働のリスクに対処するためのアクションを起こす場合】
・サプライヤーやビジネス・パートナーとの間で合意した是正措置を実施するための支援を行う。
・効果的な労働協約の策定を支援するために必要な手段を労働者の代表に提供し，企業レベルの社会対話を支援する。
・是正行動計画には，合意されたタイムラインと基準に沿って，改善が見られない場合には，警告と離脱の条件を含める。
【国が支援している強制労働リスクに対処する際の留意点】
・サプライヤーやビジネス・パートナーが，自分で選んだ供給源からサプライヤーや材料を選ぶことができる自律性を持っているかどうか，あるいは，国が主催する労働プログラムに参加する裁量権を持っているかどうかを分析することが重要である。
・また，国が主導する強制労働政策に責任をもつ政府に対して，直接または業界団体等を通じて，コミュニケーション（深刻な懸念の表明，情報や透明性に関する要求等）を図ることができる手段を検討することも重要である。
【強制労働リスクを理由に取引関係から離脱する場合の留意点】
・強制労働のリスクを理由に取引関係から離脱することは，人権への負の影響が回復不能なものである場合，改善が合理的に期待できない場合，取引先が強制

リスク軽減のための行動を即時にとらない場合等の最後の手段である。

・離脱にあたっては，離脱により生じ得る潜在的な負の影響に配慮する必要がある。離脱プロセスが責任あるものであることを保証するために，たとえば以下のような手段があり得る。

　－国内法，国際労働基準，労働協約の条件を遵守する。

　－取引関係の前段階で，離脱の場合のエスカレーション手段を明確にする。

　－離脱の決定を裏づける詳細な情報を経営陣および労働組合がある場合はその労働組合に提供する[34]。

　－実行可能な場合は，取引先に対して離脱に関し十分な通知を行う。

・契約上取引期間が定められている場合や，サプライヤーが重要な取引関係にある場合等，企業がすぐに取引関係を終了させることができない場合（例として，主力製品に欠かせない重要な原材料が，リスクの高い状況で活動している少数のサプライヤーからしか入手できない場合）には，企業の経営幹部へのレポーティング，継続的なモニタリングを行い状況の変化により取引継続を再検討すること，取引関係を終了しないとの決定に関する説明等を行う。

【救済に関する考慮事項】

・企業が強制労働を引き起こしまたは寄与した場合には，生じた影響の程度等に応じて被害者に対する救済を行うよう対処する。

・適切な救済措置の決定において，影響を受ける権利者（被害者）およびその代表者と協議する。

・強制労働を地元の当局に報告するシステムを導入するとともに，強制労働を引き起こした，または加担した場合，企業は適切な救済策を提供するために現地当局と協力することが推奨される。

⑤　横断的な考慮事項

　同ガイダンスでは，デュー・ディリジェンスを行う際の横断的な検討事項として，以下を含む事項が挙げられている。

（i）　ジェンダーに配慮したデュー・ディリジェンス

　女性は男性よりも低賃金である可能性が高く，不安定な雇用や非正規雇用に結びつくことが多いことが強制労働のリスク要因となること等から，サプライチェーンのリスク評価にあたり，女性がより被害の影響を受けやすい状況（女性差別が存在している場合，紛争下，女性の雇用割合が高い分野等）の有無を

34　なお，情報共有については，契約上，守秘義務条項等との関係で問題が生じないかも含めて検討する必要があるように思われる。

考慮する必要がある。

(ii)　民族的または宗教的少数派に対する差別に関する検討

特定の民族・宗教グループを対象とした強制労働の事例や，実際に特定の民族・宗教グループに偏在した影響を与えている事例は，政府や企業の政策に基づく広範な差別政策の一部である可能性があることから，自社の事業やサプライチェーンがそのような政策や慣行に直接的にも間接的にも寄与していないことを確認するための行動をとるべきであり，また，そのような影響に寄与していない場合でも，負の影響の停止・軽減に努めるべきである。

(iii)　高リスク地域に由来しまたは原産地不明な原材料に関する強制労働リスクへの対処

原産地に関する情報を信頼できる形で入手・検証するために，サプライヤーやその他のビジネス・パートナーとの間で，拘束力を有する期限を定めた計画を策定することが重要である。また，計画を実施した後も原産地が不明であるか，または高リスク国に由来するものであるとの申告を受けた場合，（調達先の）情報収集や職場評価を実施するために，職場および労働者への独自のアクセスが可能かどうかを評価する。これが実現不可能な場合は，高リスク地域外の商品取引業者から材料を調達するようサプライヤーに指示する。

(3)　欧州グリーン・ディールに関連する規制

①　EUタクソノミー規制

EUタクソノミー規制は，2019年12月に公表された，クリーンエネルギー等への投資を通じてEUの持続可能な発展を目指す政策[35]である「欧州グリーン・ディール」に基づく行動計画の１つとして，持続可能な経済活動の基準および条件を策定するものである。タクソノミー規制においては，気候変動の緩和等の６つの環境目標（気候変動の緩和，気候変動への適応，水と海洋資源の持続的な利用，循環型経済（サーキュラーエコノミー）への移行，汚染の防止と制御，生物多様性とエコシステムの保全・回復）が定められるとともに，グリー

35　欧州グリーン・ディールは環境配慮と経済成長の両立，および2050年のカーボン・ニュートラル実現を目指し，温室効果ガス（GHG：Greenhouse Gas）削減率等の目標値を定めている。

ンリスト（環境的に持続可能な経済活動）の該当要件の1つとして，最低限の
セーフガードに準拠していることが含まれる。

　このセーフガードには，OECD多国籍企業行動指針，指導原則，労働におけ
る基本的原則および権利に関するILO宣言等の社会とガバナンスに関する国際
基準が含まれていることから，欧州企業はタクソノミー規制の一環としても国
際規範に従った人権尊重が求められている点に留意が必要である。

　改訂案に基づく報告は2023年1月に開始する年度から適用されている。

② 森林破壊抑止の製品に関する規則

　このほか，欧州委員会は，2021年11月，欧州グリーン・ディールの一環とし
て，森林破壊抑止の製品に関する規則案（regulation on deforestation-free
products）を公表した。同規則は，温室効果ガスの排出や生物多様性の喪失を
抑制するために森林破壊を抑制することを目的としており，EU域内で森林破
壊に関連する特定の製品（大豆，牛肉，パーム油，木材，ココア，コーヒー，
および皮革，チョコレート，家具などの派生製品）を販売する事業者に対して，
義務的なデュー・ディリジェンスのルールとして，生産された地域のトレーサ
ビリティを要求している。

③ EU電池規則

　EU電池規則案は，2020年12月，電池のライフサイクルのすべての段階で，
環境，気候，社会への影響を軽減し，域内市場の機能を強化し，公平な競争条
件を確保することを目的とした規則として公表された。本規則案は，欧州グ
リーン・ディールの一環である「循環型経済行動計画」に基づく取組みとして
位置づけられている。

　EU電池規則案では，産業用または電気自動車用バッテリー（蓄電池）等を
EU市場で販売する事業者に対し，原材料（コバルト，天然黒鉛，リチウム，
ニッケル，およびその化学化合物）に関する社会・環境リスク（空気，水，土
壌，生物多様性，健康，職場の健康・安全，労働者の権利（児童労働を含む），
人権，コミュニティ・ライフ）に関連するサプライチェーンのデュー・ディリ
ジェンス義務を課すなどの対応が求められている。

　EU電池規則案の適用範囲等については引き続き議論がなされているが，成立した場合には欧州企業のみならず，EU域内に蓄電池またはこれを組み込んだ製品を輸出する日本企業にとっても大きな影響を及ぼすと考えられる。

9 ┃ 紛争鉱物等に関する規制

　鉱物の採掘・売買に関する企業活動は，地域の発展を促す経済効果も有している一方で，紛争鉱物の採掘，輸送，取引に関連して強制労働や児童労働が問題となるとともに，採掘される鉱物が武力闘争の資金源になるなどとして深刻な人権侵害を生み出すことにつながるリスクが指摘されてきた。そのため，OECDは「紛争地域および高リスク地域からの鉱物の責任あるサプライチェーンのためのデュー・ディリジェンス・ガイダンス」を定めているが，紛争鉱物に関する議論の進展とともに各国法でも紛争鉱物に特化したデュー・ディリジェンス規制が制定されている場合が存在する。

(1)　米国ドッド・フランク法

　米国金融規制改革法（通称ドッド・フランク法）（Dodd-Frank Wall Street Reform and Consumer Protection Act of 2010）は，消費者保護やコーポレート・ガバナンス等に関する規制を行うものとして2010年7月に制定された。同法の中では，いわゆる紛争鉱物条項（1502条）が設けられており，特にコンゴ民主共和国（DRC）およびその周辺地域における紛争鉱物の採掘や取引が武力闘争の資金源となり，その過程で人権侵害が行われていることに鑑み，米国で上場する製造業者において，自社製品で使用される紛争鉱物（スズ，タンタル，タングステン，金）がコンゴ民主共和国および周辺国[36]の武装勢力の資金源となっているか否かを把握し，年次でウェブサイト上に開示することを義務づけている。

　また，同法に基づき，米国証券取引委員会（SEC：Securities and Exchange Commission）は紛争鉱物条項を具体化する最終規則を2012年に採択しており，

36　コンゴ共和国，南スーダン共和国，中央アフリカ共和国，ウガンダ共和国，ルワンダ共和国，ブルンジ共和国，タンザニア共和国，アンゴラ共和国，ザンビア共和国。

米国に上場（SECに登録）している企業で，コンゴ民主共和国および周辺国産の紛争鉱物を製品に使用する企業に対して報告書への記載・開示を義務づけている。

(2)　EU紛争鉱物規則

　EU紛争鉱物規則（EU2017/821）は，天然鉱物資源の開発が武力闘争を発生・助長する可能性があること，武装グループへの資金提供となるおそれがあること，強制労働や児童労働，強制移住等のリスクがあること等に鑑み，EU域内の事業者に対し，指定地域から調達した人権リスクの高い鉱物が紛争や人権侵害を助長していないかを確認することを義務づける規則として制定された。同法は，2017年5月に成立し，2021年1月から適用されている。

　本規則は，EUの精錬事業者およびEUに鉱物（鉱石および未加工金属）を輸入する企業が対象である。部品または製品の状態で鉱物をEU域内に輸入する企業や最終製品をEUで製造・販売する企業はこれに含まれない。そのため，対象企業としては米国ドッド・フランク法よりも狭くなっている。

　対象企業は，高リスク地域（武力紛争地域または紛争後の脆弱な地域，あるいは破綻国家のようなガバナンスおよび治安が脆弱または存在しない地域，人権侵害を含む国際法の広範かつ組織的な違反が横行している地域（CAHRAs：Conflict-affected and high-risk areas））から調達する対象鉱物（スズ，タンタル，およびタングステンの鉱石および精鉱ならびに金）について，当該鉱物資源が紛争や人権侵害を助長していないことを確認するデュー・ディリジェンスを実施しなければならない。この点，欧州委員会は2020年12月に当該地域のリストを公表している[37]（原産地がコンゴ民主共和国に限られない点では，米国ドッド・フランク法に比べて対象地域が広くなっている。なお，当該リストは網羅的なものではなく，当該リストを参照することで企業が実施義務を負うデュー・ディリジェンスの代替とはならない旨の留保が付されている）。

　対象企業は，対象鉱物に関し，OECDの紛争鉱物に関するガイダンスに従い，以下のリスクを確認し，年次報告書を提出することが義務づけられている。

---

[37]　EU "Indicative, non exhaustive list of Conflict-Affected and High-Risk areas under Regulation"（2020年12月）

> ・鉱物の採掘，輸送，取引に関連した人権侵害
> ・反政府武装集団に対する直接的または間接的な支援
> ・公的または民間の保安隊による不法行為
> ・贈収賄および鉱物原産地の詐称
> ・資金洗浄
> ・政府の税金，手数料，採掘権料の支払

　欧州委員会は，ポータルサイト[38]を立ち上げるとともに，高リスク地域およびその他のサプライチェーンリスクを特定するための拘束力のないガイドライン[39]が示されている。

　なお，同法は，適用開始から2年後，およびその後3年ごとに見直しを行うとしており，後述する対象企業の範囲や対象鉱物の種類についても今後拡大される可能性があることから，留意しておく必要がある。

10 公共調達に関する規制

　公共調達についても，日本法では現時点について人権遵守は公共調達における基準として明示的に組み入れられていない[40]が，連邦調達規則など一部の法令では厳格な規制がなされている。

(1) 米国調達規則

　米国政府における公共調達に関する規制は連邦調達規則（FAR：Federal Acquisition Regulations）においてなされているが，2012年9月に発出された大統領令第13627号に基づき，2015年3月に人身売買に対する禁止を強化する

38　Due Diligence Ready!
39　European Union "Commission Recommendation（EU）2018/1149 of 10 August 18 on non-binding guidelines for the identification of conflict-affected and high-risk areas and other supply chain risks under Regulation（EU）2017/821 of the European Parliament and of the Council"
40　一方で，労働関連法令による刑事・行政処分が入札参加資格停止事由となるといった形で一部規制がなされている場合がある。

ための改正がなされた[41]。

①　人身売買に関連する行為の禁止

改正後の連邦調達規則では，すべての連邦契約を対象に，連邦請負業者，その従業員，および下請業者を対象として，以下の人身売買に関連する行為を禁止している（FAR52.222-50(b)）。以下のように，連邦調達規則では，請負業者等に対し，当該連邦政府との契約に関するものに限らず，当該契約期間中に重大な人身取引に関与しないこと等を求めている点が特徴である。

・契約履行期間中に，深刻な形態での人身取引に関与すること
・契約履行期間中に，商業的性行為(commercial sex act)をあっせんすること
・契約の履行において強制労働を用いること
・従業員のパスポートや運転免許証などの身分証明書を破壊，隠匿，没収，またはその他の方法で入手できないようにすること
・従業員の募集または雇用を申し出るにあたり，(i)誤解を招くようなまたは不正な行為を行うこと（例として，従業員が理解できる形式と言語で基本的な情報を開示しない，あるいは従業員の募集において，賃金やフリンジベネフィット[42]，勤務地，生活条件，住居および関連費用（雇用主または代理人が提供または手配した場合），従業員に請求される重要な費用，および該当する場合には仕事の危険な性質など，主要な雇用条件に関して重大な不実記載を行うこと），または(ii)募集が行われている国の現地労働法を遵守していない人材派遣会社を利用すること
・従業員に人材紹介費用を請求すること
・契約に従事するために契約を履行する国に連れてこられた従業員等に対して，雇用の終了時に帰りの交通手段を提供しない，または帰りに交通費を支払わないこと
・受入国の住居・安全基準を満たさない住居を労働者に提供すること
・法律で要求される雇用契約書などの書類を労働者に提供しないこと

41　なお，米国では，国務省等が運営するResponsible Sourcing Toolのウェブサイトにおいて，リスクの高い製品や原産国等の関連情報が掲載されている。
42　企業が役員または従業員に対して，給与以外に支払う手当・報酬。

②　従業員等に対する通知義務および協力義務

連邦調達規則は，連邦請負業者が，従業員や下請業者に対し，上記の禁止行為および禁止行為に違反した場合にとられる措置の内容（契約からの除外等）について通知すること，当局の調査等に関する協力を義務づけている（FAR52.222-50(c)）。

③　コンプライアンス計画策定義務およびデュー・ディリジェンス義務

連邦請負業者は，米国外からの既製品以外の調達またはサービスの履行規模が55万ドルを超える契約については，コンプライアンス計画の策定が義務づけられている（FAR52.222-50(h)）。当該コンプライアンス計画は，契約の規模と複雑さ，政府のために行われる活動の性質と範囲（雇用が予想される非米国市民の数，当該契約の人身売買のリスクの高さ）等を考慮して適切であることが求められる。また，以下の事項を含むことが求められる。

> ・人身売買関連の禁止行為および違反した場合に従業員に対して取られる措置等について，請負業者の従業員に知らせるための啓発プログラム
> ・報復のおそれなく，人身売買を禁止する方針に反する行為を従業員が報告するためのプロセス[43]
> ・人材派遣および賃金に関する計画
> ・契約者または下請業者が住宅を提供または手配する予定の場合，住宅が受入国の住宅および安全基準を満たすことを保証する住宅計画
> ・下請業者およびエージェントが人身売買に関与することを防止し，人身売買活動に関与した下請業者等を監視，発見し，契約を終了するためのプロセス

連邦請負事業者は，策定したコンプライアンス計画を事業所およびウェブサイトに掲示しなければならず，これが不可能な場合には従業員に対して書面で提供しなければならない。また，連邦請負事業者は，コンプライアンス計画の実施や，デュー・ディリジェンスを行い，同事業者の知る限りにおいて，契約者，下請業者，またはこれらのエージェントが人身売買関連行為に従事してい

43　Global Human Trafficking Hotlineのホットライン電話番号（1-844-888-FREE）とその電子メールアドレス（help@befree.org）を全従業員が利用できるようにする手段を含む。

ないこと，仮に同行為に関連する不正行為が発見された場合には適切な是正措置等を講じていることを，契約時およびその後年次で認証しなければならない。

　さらに，連邦請負業者が下請業者を用いる場合には，契約条項により，連邦調達規則における要求事項を含めることが求められる。

(2)　EU公共調達指令

　2014年2月に改正されたEU公共調達指令（EU Directive 2014/24）では，公共契約の履行において，事業者がILOの8つの中核的条約を含む国際的な環境法，社会法，労働法で適用される義務を遵守することを確保するために適切な措置を講じることを求めている（18条）。

　また，児童労働および人身売買により有罪判決を受けた者に対する調達手続からの排除が義務づけられている（57条）ほか，異常に低い入札価格につき18条で定める義務が遵守されているかの説明を求め，これが履行されていない場合には入札を拒否しなければならないとしている（69条）。

第4章

人権侵害に対する制裁

1 ┃ 人権侵害に対する各国の制裁の概要と対抗措置

　人権侵害を理由とする制裁[1]については，国家間の政治的な対立も背景として欧米を中心として近時積極的に執行されている。たとえば，後述するとおり，米国財務省外国資産管理局（OFAC：the Office of Foreign Assets Control）は，中国新疆ウイグル自治区，ミャンマー，北朝鮮等に関連する個人等に対し，人権侵害を理由として資産凍結等の経済制裁を科すとともに，米国関税法等に基づく人権侵害を理由とする輸入規制についても執行が強化されている。

　一般的に，このような経済制裁の建て付けは，一国全体（当該国に居住する者，当該国で設立された企業を含む）を対象とするもの（country-based sanctions）も存在する（例として米国のイランに対する制裁プログラム）が，このような制裁は無関係な国民にも影響を与えてしまうことから，近年はリストに掲載された個人，企業，組織を対象とする制裁（list-based sanctionsまたはsmart sanctionsと呼ばれる）が積極的に行われる傾向にある。また，被制裁者との取引等を理由とする二次的な制裁（secondary sanctions）が行われることもある。

　一方，特に中国新疆ウイグル自治区の問題に関連し，中国は，同地区における強制労働の事実を否定するとともに，このような欧米の人権侵害規制に対して反発し，対抗措置として2021年6月に反外国制裁法を採択し，施行している。同法では，中国に対して「抑制，抑圧」を行い，中国の公民，組織に対して「差別的措置」を講じ，内政に干渉した場合に，報告リストに加えた上で，入国制限，資産凍結，取引禁止等の制限を課すことができる旨を規定している。同法による差別的措置がどの程度広範に実施されるかは今後の執行動向を注視する必要があるものの，欧米のエンティティ・リスト等に従って取引規制を行う場合には，同法における「差別的措置」に当たると評価される可能性が否定できない[2]。

1　一般的に，制裁は，一国単独で発動される単独制裁，数カ国の有志連合で発動される制裁，および国連決議に基づく制裁に分けられる。

2　2022年2月には，反外国制裁法の対抗措置として，米国の台湾への武器売却に関連して，米国の防衛事業を行う企業等に対する対抗措置をとることを決定するなど，複数の対抗措置を講じていると報道されている。

　また，同法に基づく直接的な措置でなくても，2021年3月には米国のアパレルメーカー等が中国新疆ウイグル自治区における強制労働の懸念を表明したことで，中国国内で不買運動が起きるなどの反発を受けたほか，2021年12月には米国の半導体メーカーが部品メーカーに対して中国新疆ウイグル自治区から調達した製品や労働力を用いないよう求める文書を送付したことに対しても不買運動が起きるなどの事態も生じたと報じられている。

　このように，特に中国におけるビジネスに関して，日本企業は欧米による人権侵害を理由とする規制と中国による対抗措置のリスクとの間で，いわば相反する要求を受けるリスクがあることから，慎重な対応が必要である。

　以下，欧米を中心とした経済制裁等の概要について紹介する。

2 ┃米　　国

　米国は，各国に先駆けて人権侵害に対する経済制裁を行うマグニツキー法[3]を制定している。また，近時は，中国の新疆ウイグル自治区における人権侵害等に対し，積極的に経済制裁を行うほか，関税法に基づき，人権侵害により生産された製品の輸入規制等についても執行を行っている。

　さらに，後述するとおり，2021年12月，米国では新疆ウイグル自治区からの輸入を原則として禁止するウイグル強制労働防止法が成立しており，規制が厳格化されている。

(1)　グローバル・マグニツキー人権問責法

①　制定経緯

　マグニツキー法は，ロシアの弁護士であったセルゲイ・マグニツキー氏（Sergei Magnitsky）がロシア当局の汚職事件を告発した後に逮捕され，獄中死した事件を機に，2012年にロシアにおける人権侵害を対象として米国で制定された法律である。

　その後，深刻な人権侵害および腐敗に関する問題に対処することを目的とし

3　正式名称はRussia and Moldova Jackson‐Vanik Repeal and Sergei Magnitsky Rule of Law Accountability Act of 2012

て，同法の対象範囲を拡大し，ロシアに限らず各国での人権侵害に対する経済制裁などを行うものとして，グローバル・マグニツキー人権問責法（以下「グローバル・マグニツキー法」という）（Global Magnitsky Human Rights Accountability Act）が2016年12月に採択された。また，ドナルド・トランプ大統領は，2017年12月，グローバル・マグニツキー法や国家緊急事態経済法（IEEPA法：International Emergency Economic Powers Act）を法的根拠として大統領令（Executive Order）第13818号を発しており，これによりグローバル・マグニツキー法の適用範囲がさらに拡大されている。

　なお，国家緊急事態経済法は，米国の国家安全保障，外交政策，経済に対する国外での異例かつ重大な脅威（unusual and extraordinary threat）が存在する場合，その脅威に対処するための権限を大統領に付与するものであり，同法を根拠として発令される大統領令は，法律とほぼ同等の効力を有するものの，連邦最高裁判所による違憲判決，議会による法律制定，大統領自身による廃止などにより効力を失う。ただし，2022年9月現在，大統領令第13818号はバイデン政権下でも効力が継続されている[4]。

　② 制裁対象

　グローバル・マグニツキー法および大統領令第13818号の制裁対象はそれぞれ以下のとおりであり，対象者および対象行為のいずれについても大統領令第13818号のほうが拡大されている点に特徴がある。

【グローバル・マグニツキー法における制裁対象】
・政府高官の違法行為を明らかにしようとし，または国際的に認知された人権の促進などを担っている者に対する超法規的殺人，拷問，その他の国際的に認められた人権の重大な侵害行為に責任を有する個人または組織
・重大な汚職行為に責任がある外国政府高官や政府関係者等
【大統領令第13818号における制裁対象】
・深刻な人権侵害に対し，直接的または間接的に関与した個人または組織（人権侵害を行った対象者に対する制限なし）

4　The White House "Letter on the Continuation of the National Emergency with Respect to Serious Human Rights Abuse and Corruption"（2021年12月16日）

> ・汚職行為に責任がある外国政府高官や政府関係者等（「重大な」汚職行為の制限なし）

③ 制裁・規制内容

グローバル・マグニツキー法では，被制裁者として指定した者に対し入国不許可，ビザの取消し等の措置をとることができる旨を規定し（1263条(b)），大統領令第13818号では被制裁者に対しては入国が停止される旨が定められている（2条）。

また，米国内の資産の凍結や移転の禁止，米国人に対する被制裁者との取引禁止等の措置がなされることになる。

大統領令第13818号では，制裁措置の決定について，国務長官および司法長官と協議の上で財務長官が決定することとされており，被制裁者についてはSDNリスト（Specially Designated Nationals and Blocked Persons List）に掲載され公表される。

④ 制裁の発動

被制裁者は，米国財務省外国資産管理局（OFAC）のウェブサイトで公表されている[5]。

たとえば，OFACは，2020年7月，新疆ウイグル自治区の少数民族に対する人権侵害に関与したとして元政府高官および政府機関（新疆生産建設兵団（XPCC））につきSDNリストに掲載するとともに，これらの組織もしくは個人またはこれらの組織・個人により50％以上保有される団体の米国内資産を凍結する措置がとられている。

(2) 関税法における人権侵害製品の輸入規制

① 1930年関税法の概要

米国における1930年関税法307条（連邦法19編1307条）は，強制労働または奴隷労働（強制的な児童労働を含む）によって，全体または一部が外国で採掘，

---

5 OFAC "Sanctions List Search"

生産，製造された商品の輸入を禁止している。

　米国税関・国境警備局（CBP：Customs and Border Protection）は，強制労働によって製造された疑いのある商品の調査を開始することができ，輸入される貨物が同条に該当することを合理的に示す(reasonably but not conclusively)情報が得られた場合，違反商品保留命令（WRO：withhold release order）を発出することができ，この場合，港湾局長は，当該貨物の引渡しを保留する必要がある。

　輸入者が異議を唱える場合，当該製品が輸入されてから3カ月の猶予期間内において，当該貨物が強制労働により製造された物でないことを宣言する原産地証明書（certificate of origin）を提出するとともに，商品やその部品を製造するのに利用された労働力の出所と種類の双方を判断するためにあらゆる合理的な努力を尽くしたこと（every reasonable effort）を示す陳述書（statement）を提出しなければならないとされている（米国連邦規則19編12.43条）。原産地証明書および陳述書を踏まえて，CBP長官が当該貨物の没収または輸入許可に係る最終判断を行う（当該調査の結果，商品が強制労働で製造されたとの判断に至った場合，当該最終判断（formal finding）が公表される（同規則12.42条））。

　また，詐欺，重大な過失または過失によって，重大かつ虚偽の情報を提供することにより米国に製品を輸入した，またはしようとした者は民事制裁金が科される対象となる（19 U.S.Code1592条）。

　② 　違反商品保留命令の執行の動向

　近時発行された違反商品保留命令等には以下のものが含まれており，米当局の積極的なアクションがうかがわれる（CBPが公表している統計[6]においても，違反商品保留命令による差止めの件数は2017年度[7]の12，2020年度の314に対し，2021年度は1,469に上るとされており，大幅な増加傾向が認められる）。この増加傾向の背景には，「消費需要（consumptive demand）の例外」の条項（国内需要を満たすのに十分な量が米国で製造されていない場合，差止対象から除外するもの）が2015年に議会により削除されたことも影響していると思われる。

6　U.S. Customs and Border Protection "Trade Statistics"
7　2016年10月1日から2017年9月30日

【図表4－1】違反商品保留命令（WRO）の執行例

2020年7月	マレーシアの企業により生産された使い捨て手袋についてWROが発出される。なお，CBPは，2021年9月，同社が労働者に対して，3,000万ドル以上を支払うとともに労働条件の改善に努め，従前確認されたILOが定める強制労働の指標（第1章2⑵①参照）を改善したとして，WROを改定し輸入を許可することとした[8]。本件は，輸入禁止措置が取り消された初めての判断であるが，このようにいったんWROが発出されると取消判断に至るには相当のコストを要することも示唆される。
2020年8月	CBPが，強制労働により製造されているとして輸入が禁止されているステビアを米国内に輸入したとして，57万5,000ドルを民事上の制裁金として徴収したと公表した[9]（同製品についてはWROが発行されているが，当該輸入はWRO発行前になされたとされている）。2015年の貿易円滑化・貿易執行法の成立以降，初めての執行であるとされている。
2020年12月	マレーシアの企業により生産されたパーム油についてWROが発出される[10]。
2021年1月	中国新疆ウイグル自治区で生産されたすべての綿花・綿製品とトマト・トマト製品の輸入についてWROが発出される[11]。
2021年5月	日本企業が輸出した衣類の輸入が中国新疆ウイグル自治区で生産された綿花を使用しているとして輸入の差止めを受けた。これに対して，当該企業はサプライチェーンにおける強制労働の事実はないとして反論したものの，最終的には，綿の生産・加工の履歴につき十分な証拠が提示されなかったことなどを理由として却下されている[12]。
2021年5月	強制労働が行われたとする漁船団を操業する水産会社からの水産物の輸入を禁止する旨がCBPにより公表された[13]。

8　U.S. Customs and Border Protection "CBP Modifies Forced Labor Finding on Top Glove Corporation Bhd."（2021年9月9日）

9　U.S. Customs and Border Protection "CBP Collects \$575,000 from Pure Circle U.S.A. for Stevia Imports Made with Forced Labor"（2020年8月13日）

10　U.S. Customs and Border Protection "CBP Issues Withhold Release Order on Palm Oil Produced by Forced Labor in Malaysia"（2020年12月30日）

11　U.S. Customs and Border Protection "CBP Issues Region-Wide Withhold Release Order on Products Made by Slave Labor in Xinjiang"（2021年1月13日）

12　"HQ H318182," Customs Mobile（2021年5月10日）

13　U.S. Customs and Border Protection "CBP issues Withhold Release Order on Chinese fishing fleet"（2021年5月28日）

2021年6月	新疆ウイグル自治区に拠点を有する特定の企業が製造したシリカ（太陽電池パネルや電子機器等の原材料）やポリシリコン（太陽電池パネルの主原料）を用いて製造された半導体デバイス等の中間財，太陽電池や電子機器等の完成品に対して輸入を禁止するWROが発行された[14]。当局が公表した報告書では，同企業がウイグル人労働者を労働力として提供するための政府のプログラムに参加していたとされており，新疆生産建設兵団（XPCC）との関係も指摘されている。また，従前のCBPが公表したFAQでは，製品全体に占める強制労働により製造された部分の寄与が限定的である場合には例外的に輸入が許容され得る旨の例外が定められていたが，当該記載は2021年9月に削除され，裁判所が例外として考慮する可能性があると述べられるにとどまっている。
2022年1月	マレーシア企業が生産する使い捨て手袋について，ILOの強制労働指標のうち7つの指標（脆弱性の濫用，詐欺，身分証明書の保持，脅迫・威嚇，債務による束縛，虐待的な労働・生活条件，過度の残業）が認められたとしてWROを発出した[15]。

(3)　ウイグル強制労働防止法

　米国政府は，2021年12月，ウイグル強制労働防止法（Uyghur Forced Labor Prevention Act）を成立させた。

　米国政府は，これに先立つ2020年6月，ウイグル人権政策法（Uyghur Human Rights Policy Act）を成立させており，同法において，制定から180日以内，およびその後毎年，大統領が中国新疆ウイグル自治区における制裁対象行為（拷問，訴追や裁判によらない長期拘留，拉致・密室での拘束により失踪を引き起こすこと，その他生命・自由・人の安全性に対する著しい否定等）のいずれかに責任を有すると判断した中国政府関係者を含む外国人を特定するリストを議会に提出するよう求め，資産凍結，米国への入国禁止等の制裁を科すことを義務づけている。ウイグル強制労働防止法は，ウイグル人権政策法を改正し，新

14　当該WROの範囲等については，米国税関・国境警備局によるFAQ（Hoshine Silicon Industry Co. Ltd Withhold Release Order Frequently Asked Questions）が公表されている。

15　U.S. Customs and Border Protection "DHS Takes Action to Combat Forced Labor and Hold Companies Accountable for Exploiting Workers"（2022年1月28日）

疆ウイグル自治区における強制労働に関連する深刻な人権侵害についても制裁の対象となることを明確にした上で，大統領に対して，同法に基づき，ウイグル強制労働防止法の成立から180日以内に，上記リストを議会に提出することを義務づけており，当該リストに記載された個人や組織に対しては，ウイグル人権政策法に基づく上記の制裁が行われることとなる。

同法では，(i)新疆ウイグル自治区で全部または一部が強制労働により採掘または生産されたすべての商品または物品，および(ii)新疆ウイグル自治区政府と協力して同区から強制労働者を募集，輸送，受け入れている団体が採掘または生産したすべての商品または物品の輸入を禁止している。同法は，新疆ウイグル自治区生産品につき強制労働で製造されたものであると推定を行うものであり，新疆ウイグル自治区生産品は原則として米国への輸入が禁止されることになる。

同法は，個別に違反商品保留命令（WRO）を発することなく，原則として新疆ウイグル自治区生産品の輸入を禁止することが可能となる点で，これまでなされてきた個別の違反商品保留命令の発出よりもさらに規制が強化されたといえる。

企業は，上記推定を覆し，輸入が認められるためには以下の例外要件を満たさなければならない。

・記録上の輸入者が，制定後に制定されるデュー・ディリジェンス，証拠に関するガイダンス，および関連する施行規則に完全に従っていること
・輸入者が，対象製品が強制労働によって生産されたか確認することを求めるCBP長官による質問のすべてに対して，完全かつ実質的に対応していること
・「明確かつ説得力のある証拠（clear and convincing evidence）」によって，対象製品の全部または一部が強制労働によって生産されていないことを証明すること

CBP長官は，企業が上記の例外要件を満たすと判断した場合，30日以内に例外対象となる商品および判断の根拠となる証拠を記載した報告書を議会に提出するとともに，当該報告書を公表することとされている。

　同法に関連して，2022年6月には，パブリック・コメントや公聴会を経た上で，米国強制労働執行タスクフォースにより「中国における強制労働関連製品の米国への輸入を防止するための1930年関税法307条の執行を支援する戦略」が公表されている[16]。

　当該戦略においては，上記のとおり輸入の差止めを受ける対象事業体のリストが公表されているほか，ウイグル強制労働防止法の根拠として，中国新疆ウイグル自治区における，相互ペアリング支援プログラム（同地区内外の中国企業が同地区に工場を設立し，収容所と連携することを促進するプログラム），貧困軽減プログラム（貧困撲滅と称して，ウイグル人やその他の迫害されている少数民族グループを中国各地の農場や工場に配置するプログラム），土地の譲渡と再雇用（ウイグル人やその他の迫害されている少数民族の農地所有者に土地を譲渡するよう求める作物生産プログラム）の問題が指摘されている。

　また，同戦略の中では，米国への輸入者が同法による強制労働推定の例外を受けるために効果的なデュー・ディリジェンスとして以下の点を挙げている。

- ・利害関係者とパートナーの関与（生産に直接関わるサプライヤー等を特定し関与すること）
- ・リスクと影響の評価（輸入品および輸入品に含まれる原材料や部品の原産地等の考慮要素をマッピングし，リスクがあるステップを特定すること）
- ・行動規範の策定（サプライチェーンにおける強制労働のリスクに対処するための枠組みを提供する行動規範等を策定すること）
- ・サプライチェーン全体でのコミュニケーションとトレーニング（サプライヤーの選定担当者やエージェントに対するトレーニングの提供等）
- ・コンプライアンスの監視（サプライヤーによる行動規範の遵守の監視）
- ・違反の是正（強制労働の指標が特定された場合，輸入前に完全に是正すること）
- ・第三者によるレビュー（独立した第三者による検証）
- ・パフォーマンスと関与の報告（年次報告書等による定期的でタイムリーな公的報告）

16　Homeland Security "Strategy to Prevent the Importation of Goods Mined, Produced, or Manufactured with Forced Labor in the People's Republic of China"

　さらに，執行の優先度が高いセクターとして，【図表4－2】のセクターと
その根拠が言及されている。

【図表4－2】執行の優先度が高いセクター

アパレル	新疆ウイグル自治区では衣料・繊維産業の拡大が進んでおり，その一環として数十万人の労働者が強制労働に服している可能性があるとの指摘がある。 労働者は常時監視，宗教的信条に対する報復，地域社会や社会生活からの排除，家族に対する脅迫の対象になっている。さらに，一部の労働者は軍隊式の管理，政府の教化を受け，最低賃金を下回る賃金を受けている。 「相互ペアリング支援」と「貧困軽減」プログラムを通じて，労働者は収容所のある新疆ウイグル自治区内の工場に配置されるか，中国東部の工場に移送させられることがある。
綿花・綿製品	新疆ウイグル自治区での綿花収穫の機械化が進んでも，強制労働移転プログラムの一環として，毎年50万人もの少数民族労働者が綿花摘みに動員されているとの報告がある。 「農村余剰労働者の労働移転」と「貧困軽減」プログラムによって，農民は新疆南部のプランテーションで綿花を収穫する季節賃金労働に従事させられることがある。 2,000人以上の成人ウイグル人とカザフ族の労働者が，新疆から東部の糸工場に強制的に移送され，糸やヤーン製品の生産を強いられていると報告されている。
シリカ系製品（ポリシリコンを含む）[17]	新疆ウイグル自治区で操業する企業には，少数民族の労働力を利用するための政府補助金が提供されている。 工場は強制的な採用，脅迫，労働者の移動とコミュニケーションの自由を制限し，労働者を常時監視，宗教的信念に対する報復，コミュニティや社会生活からの排除の対象とし，労働者の家族を脅かしたという報告がある。
トマト・トマト製品	トマト製品，特にトマトペーストを生産する工場では，強制的な採用が頻繁に行われ，労働者の移動とコミュニケーションの自由が制限され，労働者は常時監視，宗教的信念に対する報復，隔離にさらされている。 「相互ペアリング支援」と「貧困軽減」プログラムを通じて，労働者は新疆内の工場に配置されるか，中国東部の工場に移送させられることがある。

　同戦略では，物品の生産，加工，製造におけるグローバルなサプライチェーンの分布と複雑さにより新疆ウイグル自治区から調達された物品の原産地が不明瞭となり，サプライチェーンの可視化が欠如していることや，同地区で生産された原料等が加工や他地域の原料等と混合することにより原産地が不明瞭となるリスクがあること，また，WROの発出を逃れる目的でリスト掲載企業である新疆生産建設兵団（XPCC）の子会社が第三国を経由して商品を積み替え，米国の輸入制限を回避している可能性が指摘されるなど，意図的に関税法を回避しようとする「ロンダリング」の問題についても言及されている。

　同戦略は毎年更新される予定であり，今後の動向についても注目される（また，輸入の差止めを受ける対象事業体のリストについても適宜更新される予定とされている）。

　なお，2022年6月にはCBPにより輸入者向けの運用ガイダンス（U.S. Customs and Border Protection Operational Guidance for Importers）が公表されている。同ガイダンスでは，サプライチェーンの管理措置などについても触れられているほか，物品の全体または一部において新疆で採掘，生産または製造されたものではないことを証明する証拠の概要等についても記載されている。

⑷　新疆ウイグルサプライチェーンビジネス勧告

　米国政府は，2021年7月，新疆ウイグル自治区における強制労働等の人権侵害に関する勧告（新疆における強制労働およびその他の人権侵害に関与している企業のリスクおよび配慮について）の改訂版を公表した[18]（「改訂版勧告」）。同勧告は，当初，2020年7月1日に，ドナルド・トランプ政権下において，米国の国務省，財務省，商務省，国土安全保障省の4省において公表されたもの（「旧勧告」）であったが，バイデン政権下において，さらに米国通商代表部，米国労働省が加わりアップデートがなされたものである。改訂版勧告において

17　シリカは，アルミニウム合金，シリコン，ポリシリコンの原料となり，建築物，自動車，石油，コンクリート，ガラス，セラミックス，シーラント，電子機器，ソーラーパネルなどに使用される。

18　Xinjiang Supply Chain Business Advisory "Risks and Considerations for Businesses with Supply Chain Exposure to Entities Engaged in Forced Labor and other Human Rights Abuses in Xinjiang"（2021年7月13日）

は，旧勧告と比較して新疆ウイグル自治区における人権リスクの高さ等がより強調されており，米国政府の問題意識をうかがわせる。旧勧告と比較して改訂版勧告で強調されている主な点として以下のものが挙げられる。

①　新疆ウイグル自治区における人権侵害

改訂版勧告では，新疆ウイグル自治区において，大量虐殺や，国家主導の強制労働や強制的な監視が行われていることについて旧勧告よりも具体的な言及がなされている。また，旧勧告では新疆ウイグル自治区における人権侵害に関連してレピュテーションリスクや経済リスク，法的リスク等に留意し，人権デュー・ディリジェンスを実施することが推奨されていたところ，改訂版勧告では，同地区の事業やサプライチェーン等に関わる企業等に対して重大なレピュテーションリスク，経済リスク，法的リスクが生じることを認識することを求めるとともに，同地区での人権侵害の深刻さおよび程度を考慮すると，同地区に関連するサプライチェーンや投資等から撤退しない企業等は「米国法に違反する可能性が高い（run a high risk of violating U.S. law）」との表現に強められている。

②　監視（サーベイランス）に関するデュー・ディリジェンス

改訂版勧告では，新疆ウイグル自治区において中国政府が構築しているAI等を利用した監視システムや非自発的な生体データの収集についてより詳細に述べられており，このような監視に関するデュー・ディリジェンスとして以下の点が推奨されている。

・必要に応じて，自社の製品，技術，研究，共同研究，サービスの最終使用者を調査し，自社の製品やサービスが，収容所や中国政府の広範な監視装置，強制労働を利用している企業や，強制的な生体認証データの収集，遺伝子解析スキームの悪用，少数民族の強制移送などの人権侵害を可能にする活動を行っている企業の構築，維持，支援に使用されている，あるいは使用され得る可能性を低減すべきである。
・投資家は，すでに発生した，あるいは進行中の資金提供や投資が上記の活動に関連する場合，責任あるダイベストメント（投資からの撤退）を行うことを検

討すべきである。
・遺伝子の収集・分析を含む監視機能を有する技術・製品・サービスを輸出している企業や個人，あるいは監視製品の製造に必要な技術を輸出している，あるいは製造を支援している企業等は，国務省のガイダンス[19]に沿って，その技術・製品・サービスが新疆での人権侵害に悪用されることを防止するためのデュー・ディリジェンスを行うことが奨励されている。

③　強制労働の兆候

　旧勧告においては新疆ウイグル自治区における強制労働や労働虐待の潜在的な指標（potential indicators）として透明性の欠如や工場の場所等のいくつかの要素が挙げられていたが，改訂版勧告では，新疆ウイグル自治区の事業環境における強制労働の兆候（warning signs）として表現をやや強めた形で以下の要素が挙げられている（下線を付した項目については改訂版勧告において新たに追加された）。

・透明性の欠如（製品の原産地の隠匿，シェルカンパニー[20]の利用等）
・新疆ウイグル自治区に進出している企業で高収益を上げているにもかかわらず，社会保険に加入している従業員がほとんどいない企業
・収容に関する用語の使用（教育訓練センター，法律教育センター等）
・政府のインセンティブ（同地区で事業を行っている企業で，政府の貧困軽減プログラムや職業訓練プログラムの一環として政府の開発援助を受けている企業，相互ペアリング支援プログラム[21]に参加している企業，またはエネルギー，輸送，人件費などの補助金を受けている企業）
・<u>新疆生産建設兵団（XPCC）関連企業</u>
・<u>操業場所が収容所や刑務所の敷地内，収容所や刑務所の近く，あるいは政府の貧困軽減プログラムに関わる工業団地の敷地内や隣接地にあること</u>
・<u>米国労働省の児童労働または強制労働によって生産された商品のリスト（TVPRA（Trafficking Victims Protection Reauthorization Act）リスト）に含まれる商品であること</u>

19　Guidance on Implementing the UN Guiding Principles for Transactions Linked to Foreign Government End-Users for Products or Services with Surveillance Capabilities
20　実体のないいわゆるペーパーカンパニー。
21　新疆ウイグル自治区に工場を設立し，収容所と連携することを促進するプログラム。

- ・米国商務省のエンティティ・リストに掲載されている企業であること
- ・WROの対象となっている企業および製品であること
- ・SDNリストに掲載されている企業や個人であること

④　強制労働が疑われる産業

　新疆ウイグル自治区で強制労働が行われていることが疑われる産業の例として，以下のものが挙げられている（なお，同勧告では，当該産業につき人権デュー・ディリジェンスを行うに際しての追加のリスク要因としている）。

- ・農業（ハミウリ，コルラ梨，トマト製品，ニンニク製品を含む）
- ・携帯電話
- ・クリーニング用品
- ・建設
- ・綿糸，綿織物，紡績，紡績工場，綿製品
- ・電子機器組立
- ・採掘資源（石炭，銅，炭化水素，石油，ウラン，亜鉛を含む）
- ・フェイクヘアおよび人毛のウイッグ，ヘアアクセサリー
- ・食品加工工場
- ・履物
- ・手袋
- ・ホスピタリティサービス
- ・金属シリコン
- ・麺類
- ・印刷製品
- ・再生可能エネルギー（ポリシリコン，インゴット，ウエハを含む）
- ・ステビア
- ・砂糖
- ・繊維製品（衣服，寝具，カーペット，ウールを含む）
- ・おもちゃ

⑤　綿花のサプライチェーン

　改訂版勧告（付属資料３）によれば，新疆ウイグル自治区での綿花生産量は，中国の綿花総生産量の85％以上，世界の綿花生産量の20％を占めている。同勧

告では，新疆で生産された綿花および綿製品の米国への輸入は，新疆での綿花生産における強制労働の証拠があるため，米国税関・国境警備局（CBP）の違反商品保留命令（WRO）（2021年1月発行）の対象となることや，中国国内の他の地区で生産された綿糸・生地およびその下流製品（衣料品等）もWROの対象となる可能性があるとされていることが挙げられており，リスクの高さが強調されている。

⑥　ソーラーパネルのサプライチェーン

太陽電池のサプライチェーンの各段階において，強制的な労働慣行に従事する労働力移転プログラムや米国政府が人権侵害に関与しているとする準軍事組織に関連する企業が存在していると指摘されていることなどに鑑み，改訂版勧告では，ソーラーパネルのサプライチェーンにおける強制労働リスクの高まりが指摘されており，ソーラーパネルのサプライチェーンに関する付属資料が新たに追加されている（同勧告付属資料4）。同勧告では，2020年時点で中国が太陽電池用ポリシリコンの世界供給量の70％を占め，太陽電池モジュールに組み立てられるインゴット，ウエハ，セル等のその他の川下の太陽電池部品の製造も独占しており，特に世界全体の太陽電池用ポリシリコンの供給量の45％は新疆で操業する業者により製造されていることが挙げられている。

⑸　ミャンマーの軍事政権と関わりのあるビジネスに携わる企業等に係るリスクに関する勧告

米国政府は，2022年1月，ミャンマーの軍政復活に伴う深刻な人権侵害と不透明な事業環境を背景とし，ミャンマーにおけるビジネス，特に軍事政権と関わりのあるビジネスのリスクの高まりについて注意喚起のための勧告を発出した[22]。

同勧告では，ミャンマーにおいて特に懸念される企業・セクターとして，国

22　U.S. Department of State "Risks and Considerations for Businesses and Individuals with Exposure to Entities Responsible for Undermining Democratic Processes, Facilitating Corruption, and Committing Human Rights Abuses in Burma（Myanmar）"（2022年1月26日）

営企業，宝石・貴金属，不動産および建設，武器・軍備とその関連活動が軍事政権に経済的資源を提供する主要産業として挙げられている。また，ミャンマーの国営企業との取引に関わる企業や個人は，ミャンマー国内の汚職を助長したり，児童労働や強制労働を支援したり，恣意的または違法な監視行為やその他の深刻な人権侵害に加担したりしないよう，適切なデュー・ディリジェンスを行うことが推奨されている。

　なお，同勧告においては，ミャンマーにおける深刻な人権侵害として，以下の点が挙げられている。

・国営企業による，人身売買，児童労働，強制労働等への関与（特にチーク材，ルビー，翡翠が強制労働や児童労働を伴うミャンマー産の製品として認識されていること）
・軍事クーデター後数カ月間にわたり，政府が通信インフラを掌握し，インターネットの監視等を行っていたこと
・特定の地域において，少数民族への深刻な人権侵害が行われていること

⑹　人権保護を目的とする輸出管理規制

　米国は，米国財務省外国資産管理局（OFAC）を通じて，外交政策・安全保障上の目的から，米国が指定した国または地域や特定の個人または組織について，取引禁止，資産凍結等の措置を講じるとの輸出規制・取引規制を行っているところ，このような輸出規制は人権侵害に対する取引規制としても用いられている。

　この点に関し，米国は，2018年8月，輸出管理改革法（ECRA：Export Control Reform Act）の一部として制定された輸出管理法（ECA：Expert Control Act of 2018）を根拠とする輸出管理規則（EAR：Export Administration Regulations）により輸出管理を行っている。

①　デュアルユース品目に関する規制

　輸出管理規則では，米国原産の貨物，技術，およびソフトウェアのうちデュ

アルユース品目（民生，軍事用の双方に用いることが可能なもの）を輸出，再輸出[23]または国内移転する場合に，特定の最終用途に用いられることを承知している場合や，特定の最終使用者が使用することを承知している場合には，事前に商務省の産業安全保障局（BIS：Bureau of Industry and Security）の許可（ライセンス）を得ることが義務づけられている。輸出管理規則の対象となる特定品目は規制品目リスト（CCL：Commerce Control List）に掲載されており，仕向地と規制理由等により許可の要否が定められる。

　一方で，規制品目リストに掲載されていない場合には，EAR99のカテゴリーに分類され，ほとんどの場合において許可は不要であるが，後述するエンティティ・リストに掲載されている者との取引等については許可申請を要し，かつ原則不許可となる点に留意すべきである。

　この点に関連し，BISは，2020年10月に輸出許可判断基準を改正し，犯罪防止を規制理由とする規制対象品目について，従前不許可理由とされていた仕向国・地域における暴動や輸入国政府による人権侵害の根拠がある場合のみならず，（政府によるか否かにかかわらず）人権侵害に利用されるリスクがある場合には不許可とするなどの厳格化がなされている。

②　エンティティ・リストへの掲載

　上記①に加え，BISは，米国の国家安全保障または外交政策の利益に反する活動に関与している，または関与するおそれが大きいと合理的に考えられる者を「Entity List（エンティティ・リスト）」に記載して貿易を規制している。エンティティ・リストに掲載されている者が関与する取引に関連して，EAR対象品目を輸出，再輸出または移転をする場合には，事前にBISによる許可（ライセンス）を得ることが義務づけられているが，原則として不許可となり，事実上の禁輸措置となっている。

　米国商務省は，2019年10月に，中国新疆ウイグル自治区におけるウイグル人等に対する人権侵害に関与しているとして，中国の自治体公安当局や，監視カメラメーカーなど民間企業など28の団体をエンティティ・リストに追加するな

23　いったん米国から輸出された後に，第三国に再輸出される場合を指し，この点で輸出管理規制は域外適用される点に留意が必要である。

ど，同地区における強制労働等を理由として，複数回にわたり，中国の政府系
団体や中国企業等をエンティティ・リストに追加している。

③ 輸出管理・人権イニシアチブの立ち上げ

米国は，2021年12月には，オーストラリア，デンマーク，ノルウェーとともに，
輸出管理・人権イニシアチブ（Export Controls and Human Rights Initiative）
を立ち上げており，監視技術等の懸念により，深刻な人権侵害を可能とするた
めに用いられるソフトウェアその他の技術の拡散を輸出管理により防止する旨，
共同での声明を公表している。米国政府の公表によれば，国家間の政策的な調
整や，情報共有の枠組みの検討などが行われるとのことであり，今後の動きも
注目される。

3 │ 英　　国

(1) 制定経緯

英国では，EU離脱に伴い英国法で独自に経済制裁等を行うものとして，
2018年制裁・資金洗浄防止法（Sanctions and Anti-Money Laundering Act
2018）を定め，同法に基づき，重大な人権侵害となる活動等を抑止するものと
して，2020年6月，グローバル人権制裁規則（Global Human Rights Sanctions
Regulations 2020）が制定された[24]。

(2) 制裁対象

英グローバル人権制裁規則により，以下の権利の深刻な侵害行為の責任者，
支援者等に対して制裁が科され得る（4条）。

> ・生命に対する権利

---

[24] なお，2021年4月にはグローバル汚職防止制裁規則（Global Anti-Corruption Sanctions
Regulations 2021）も制定されている。

- 拷問，または残酷な，非人道的な，もしくは品位を傷つける扱いや処罰を受けない権利
- 奴隷制度から自由であり，隷属状態に置かれず，強制労働を要求されない権利

(3)　制裁・規制内容

　被制裁者として指定を受けた場合，入国・滞在の不許可者となるほか，英国内の資産凍結，被制裁者への資金提供の禁止，被制裁者のために資産を利用可能とすることの禁止等の措置が科される（11〜15条）。

　なお，資産凍結は金融制裁執行局（OFSI：The Office of Financial Sanctions Implementation）により執行される。

　英国政府は，制裁対象として指定するか否かを検討するにあたり，以下の事項を考慮要素とする旨を公表している[25]。

- 人権の優先事項（規則制定時点の優先事項として，報道の自由，現代奴隷制との戦い，紛争下における性的暴力の抑止，宗教または信仰の自由，拷問防止，人権擁護者の保護）
- 被害者の性質（ジャーナリスト，市民社会活動家，人権擁護者，内部告発者など，人権の獲得，行使，擁護，促進を目指す個人の安全等の考慮）
- 行為の重大性（人権侵害や虐待の規模，影響，性質，および人権侵害や虐待に関与した人物を考慮し，その行為が組織的なものであるか等を含む）
- 国際的な関心と共同行為（国際的なパートナーが制裁を採用し，または採用を提案している場合，および英国による行動が当該問題への対処における指定の効果を高めると思われる場合）
- 非国家主体（人々や地域に対して相当程度の支配力，権威，組織を獲得している非国家主体であること）
- 関係者の地位や関係（組織の階層における人物の位置や，その人物が英国に特別なつながりを持っているかどうか（そのような人物が規則に基づく渡航制限や金銭制限の影響を特に受けるかどうかを含む）など）
- 法執行を含むその他の措置の有効性（関連する司法管轄区の法執行当局が責任を追及しない場合）

25　Global Human Rights Sanctions：consideration of designations

⑷ 制裁の発動

　被制裁者の指定は国務大臣により行われ，当該指定された個人または団体，および制裁措置の内容は政府により公表される。

　英国政府は，英グローバル人権制裁規則に基づき，米国グローバル・マグニツキー法での制裁対象として指定されていた個人を含むミャンマー，ロシア，サウジアラビア，北朝鮮の個人等を制裁対象として指定している。

4 EU

⑴ グローバル人権制裁制度

　EUは，先行する米国等のアプローチに倣い，深刻な人権侵害に関与する法人や自然人に対し，制限的措置をとることを可能とするスキームを以下のとおり採用している。

① 制定経緯

　EUでは，従来，人権侵害に対する経済制裁や渡航禁止等の制裁は，特定の国に対するものとして行われてきた。もっとも，深刻な人権侵害に対処するためのEUの役割を強化するものとして，2020年12月7日，欧州連合理事会により，EUグローバル人権制裁制度（EUGHRSR：EU Global Human Rights Sanctions Regime）を確立する決定が採択されるとともに，重大な人権侵害に対する規制措置に関する規則（Regulation concerning restrictive measures against serious human rights violations and abuses）が採択された。

　なお，EUグローバル人権制裁制度は従前の特定の国に対する人権侵害に対する経済制裁等を代替するものではなく，これらの経済制裁も引き続き可能とされており，EUグローバル人権制裁制度の意義としては，人権侵害が実際にどの国で発生したかにかかわらず，制裁対象とすることを可能とする点にある。

② 制裁対象となる行為

　EUグローバル人権制裁制度の制裁対象となる行為（「制裁対象行為」）は規則２条で以下のとおり定められており，米国グローバル・マグニツキー法と比べると制裁対象となる人権侵害の類型をより網羅的に具体化している特徴がある。

- ・大量虐殺（genocide）
- ・人権侵害に対する犯罪
- ・重大な人権または虐待で以下を含むもの
  - ・拷問，およびその他の残酷，非人道的または劣悪な扱いまたは処罰
  - ・奴隷制，超法規的なまたは恣意的な刑の執行や殺害
  - ・強制失踪
  - ・恣意的な逮捕または拘束
- ・その他の重大な人権侵害（人身売買，性暴力，表現の自由の侵害，平和的集会および結社の自由，宗教の自由の侵害等）であり，かつこれらの侵害または虐待が広範かつ組織的なものであるか，または欧州連合条約21条に定められた共通の外交・安全保障政策の目的に関して重大な懸念があるもの

　また，EUグローバル人権制裁制度の被制裁者については，規則３条で以下のとおり定められており，米国グローバル・マグニツキー法と比べると，制裁対象となる関与の態様がより具体化されている。

- ・制裁対象行為に責任を負う個人，法人，組織，または団体
- ・制裁対象行為を計画，指揮，命令，支援，準備，促進，奨励するなど，財政的，技術的，物質的に支援し，またはその他の方法で関与した個人，法人，組織，または団体
- ・上記いずれかに該当する個人，法人，組織，または団体と関連する個人，法人，組織，または団体

---

③ 制裁・規制内容

　被制裁者として指定された者に対するEUグローバル人権制裁制度規則３条

に基づく制裁内容は以下のとおりである。

> ・制裁対象に帰属し，または制裁対象が所有，保管，もしくは管理するすべての
> 　資金および経済的資源（economic resources）の凍結
> ・資金または経済的資源を直接的または間接的に制裁対象に対して，または制裁
> 　対象の利益のために利用できるようにすることの禁止

　なお，EU加盟国は，同規則を実施するための管轄当局を各加盟国において
指定することが求められ，措置違反による効果は各国国内法により定められる
こととなる。

　④　制裁の発動
　欧州連合理事会は，EU加盟国またはEU外務・安全保障政策上級代表者の提
案に基づき，被制裁者リストを作成・修正する。
　EUグローバル人権制裁制度に基づき，欧州連合理事会は，2021年3月，ロ
シアのウクライナに対する軍事攻撃における，恣意的な逮捕や拘束を含む深刻
な人権侵害や，平和的な集会・結社の自由および意見表明・表現の自由に対す
る広範かつ組織的な抑圧に対して責任を負う個人4名に対し，制限的措置を適
用するとの決定を行った[26]。同決定がEUグローバル人権制裁制度に基づく初め
ての制裁措置である。
　また，2021年3月，欧州連合理事会は，さらに，中国新疆ウイグル自治区に
居住するウイグル人に関連して深刻な人権侵害や虐待に責任を有する個人11名
と4団体に対して制限的措置をとることを決定した[27]。

26　Council of EU "Global Human Rights Sanctions Regime：EU sanctions four people responsible for serious human rights violations in Russia"（2021年3月2日）
27　Council of EU "EU imposes further sanctions over serious violations of human rights around the world"（2021年3月22日）

(2)　強制労働により生産された製品のEU域内での流通を禁止する規則案

　欧州委員会は，2022年2月，ディーセント・ワーク戦略の一環として，強制労働によって作られた製品がEU市場に入ることを禁止するための立法措置を準備している旨を公表していたところ，2022年9月，強制労働により生産された製品のEU域内での流通を禁止する規則案（Proposal for a regulation on prohibiting products made with forced labour on the Union market）を公表した。

　同規則案によれば，当局は強制労働によって製造されたという十分な根拠がある疑いがある製品について調査を開始した上，EU域外の国も含め，情報提供やその他の調査を実施する権限を有する。そして，当局が調査に基づき強制労働により製造された製品であることを立証した場合，当該製品のEU市場における販売やEUからの輸出が禁止されるとともに，企業は当該製品を廃棄することが求められる[28]（ただし，同規則案においては，すでにエンドユーザーに流通している製品のリコールを必要とするものではない旨を定めている）。

　また，調査および執行の権限は各EU加盟国が指定する当局に委ねられるところ，決定に従わない企業に対しては当該当局から国内法による罰金の制裁を科すものとされている。

　欧州委員会は，今後，強制労働リスクがある地域や製品に関するデータベースの作成，強制労働に関するデュー・ディリジェンスのガイダンスの発行を予定している。また，本規則案は，今後欧州議会および欧州連合理事会で審議され成立した後，24カ月後に施行されることが見込まれる。同規則案は，米国のウイグル強制労働防止法と異なり，特定の国または地域を対象とするものでないことから，適用対象範囲は同法よりも広範になり得るが，今後の審議の過程で内容については変更の可能性があることから，成立内容および発効後の執行動向についても注目される。

28　ウイグル強制労働防止法と異なり，強制労働により製造されたことの立証責任は当局側に課せられている。

(3)　EU輸出規制

　2009年8月に発効したEU規則（428/2009）では，デュアルユース品目（民生および軍事目的双方に使用可能なすべての製品，ソフトウェア，および技術）について，輸出にあたり事前の輸出許可等の措置を求めている。

　2021年5月には，EUから輸出された製品や技術が人権侵害に加担したり，悪用されたりするリスクに対処することなどを目的とした同規則の改正案が承認され，サイバー監視技術等の新技術が人権侵害に濫用される懸念等から，以下の義務を含むより厳格な輸出規制が求められている（Council Regulation No. 2021/821）。

・同規則の付属書に個別に規定されていない品目であっても，(i)サイバー監視技術のうち人権侵害等に使用される可能性がある旨を当局が輸出者に通知した場合，または(ii)当該品目が人権および国際人道法に対する重大な違反行為に関連して使用することを意図している，またはその可能性がある旨を当局が輸出者に通知した場合には，事前に輸出許可を受けなければならない（5条）。
・輸出者は，デュー・ディリジェンスの結果，輸出しようとするサイバー監視品目が人権および国際人道法に対する重大な違反行為に関連して使用することを意図していることを認識した場合，所管官庁に通知しなければならない。

---

5 ┃ 日　本

(1)　外　為　法

　外国為替及び外国貿易法（「外為法」）は，日本と外国間での資金やサービスの移動などを含む対外取引に適用されるものであり，対外取引に対し必要最小限の管理または調整を行うことにより，対外取引の正常な発展ならびに日本または国際社会の平和および安全の維持を期することを目的としている（同法1条）。

　外為法10条1項では，「我が国の平和及び安全の維持のため特に必要がある

とき」は，閣議において対応措置を決定できる旨を規定する。また，輸出禁止についての同法48条1項では「国際的な平和及び安全の維持を妨げることとなると認められる」場合の輸出許可を受ける義務，および同3項の「国際平和のための国際的な努力に我が国として寄与するため」の輸出禁止規定が定められている。2022年2月以降のロシアのウクライナ侵攻の際には，同法48条3項に基づいてロシアの政府関係者や軍事産業組織に対する資産凍結，およびロシアへの奢侈品の輸出禁止（輸出貿易管理令の一部改正による）等の措置を行っている。

　一方，新疆ウイグル自治区における強制労働の問題等について，他国での重大な人権が該当すると解釈し，外為法に基づく経済制裁を実施することが可能であるかは別途議論があり得るところであり，現時点においてこのような経済制裁は科されていない。もっとも，要件の明確性等の観点からは，別途立法により解決されることが望ましいように思われる。

(2)　日本版マグニツキー法に関する法整備の議論の状況等

　日本では，現時点では，米国のグローバル・マグニツキー法や欧州のグローバル人権制裁制度のような他国での重大な人権侵害を理由として制裁を科すことを目的とした法令は存在しない。もっとも，2021年4月には，法制化を目指す超党派の国会議員連盟が発足した旨が報道されており，今後の動向が注目される。

索　引

英数

1930年関税法 ······························· 187
AI倫理 ··· 113
AI枠組み規則案 ···························· 116
BIS ··· 200
CBP ·· 188
CCL ·· 200
CSRD ·· 160
D&I ··· 116
Entity List（エンティティ・リスト）··· 200
ESG投資 ······································ 32
EU公共調達指令 ···························· 181
EUタクソノミー規制 ···················· 174
EU電池規則 ································· 175
EU非財務情報開示指令 ················· 160
EU紛争鉱物規則 ·························· 177
FPIC ·· 16
Global Slavery Index ···················· 66
ILO中核的労働基準 ······················ 38
ISO26000 ····································· 42
JKビジネス ··································· 45
KPI ··· 129
NCP ·· 41
NFRD ·· 160
OECD衣類・履物セクターにおける責任あ
　るサプライチェーンのためのデュー・
　ディリジェンス・ガイダンス ········· 70
OECD多国籍企業行動指針 ·············· 39
OFAC ·· 184
RBC ·· 39

SDGs ··· 43
SDGsウォッシュ ·························· 119
WRO ··· 188

あ行

アルゴリズムバイアス ··················· 113
違反商品保留命令 ························· 188
ウイグル強制労働防止法 ················ 190
英国現代奴隷法 ···························· 132
エクエーター原則 ·························· 43
欧州グリーン・ディールに関連する規制
　··· 174
オーストラリア現代奴隷法 ············· 139
オペレーショナルリスク ················· 33
オランダ児童労働デュー・ディリジェンス
　法 ·· 154

か行

外国人技能実習生 ·························· 21
関税法 ·· 187
企業持続可能性デュー・ディリジェンス指
　令案 ·· 159
気候変動 ······································ 23
規制品目リスト ···························· 200
技能実習法 ··································· 22
強制労働 ······································ 11
強制労働により生産された製品のEU域内
　での流通を禁止する規則案 ·········· 206
強制労働のリスクに関するガイダンス
　··· 169
国別行動計画 ································ 48

グリーバンス・メカニズム …………… 79

グリーン・ウォッシュ ………………… 28

グローバル人権制裁規則 …………… 201

グローバル人権制裁制度 …………… 203

グローバル・マグニツキー人権問責法
　………………………………………… 185

現代奴隷 ………………………………… 16

公正住宅法 …………………………… 116

構造的問題 …………………………… 123

コーポレートガバナンス・コード …… 51

国際人権規約 …………………………… 34

国連グローバル・コンパクト ………… 35

コンダクトリスク ……………………… 5

コンテンツモデレーション ………… 114

さ行

財務リスク・ダイベストメント ……… 31

サプライチェーン ……………………… 19

サプライヤー …………………………… 83

差別的措置 …………………………… 184

産業安全保障局 ……………………… 200

児童労働 ………………………………… 14

社会権規約 ……………………………… 2

自由権規約 ……………………………… 2

新疆ウイグルサプライチェーンビジネス勧
　告 …………………………………… 194

人工知能に関する理事会勧告 ……… 115

人身取引 ………………………………… 15

森林破壊抑止の製品に関する規則 …… 175

ステークホルダー・エンゲージメント
　………………………………………… 78

世界人権宣言 …………………………… 34

責任ある企業行動 ……………………… 39

責任ある企業融資と証券引受のための

デュー・ディリジェンス …………… 109

責任あるサプライチェーン等における人権
　尊重のためのガイドライン ………… 53

先住民の権利 …………………………… 16

ソフトロー ……………………………… 2

た行

ターゲティング広告 ………………… 119

大統領令第13818号 ………………… 186

ダイバーシティ＆インクルージョン … 116

調達方針 ………………………………… 86

チョーク・ポイント …………………… 97

ディープフェイク …………………… 115

デュアルユース品目 ………………… 199

ドイツサプライチェーン・デュー・ディリ
　ジェンス法 ………………………… 149

東京2020持続可能な調達コード ……… 89

投資家と企業の対話ガイドライン …… 51

は行

ハードロー ……………………………… 2

パフォーマンス・スタンダード ……… 43

バリューチェーン …………………… 19, 84

反外国制裁法 ………………………… 184

ビジネスと人権に関する指導原則 …… 35

フランス企業注意義務法 …………… 145

紛争鉱物 …………………………… 25, 101

紛争地域 ……………………………… 124

紛争地域および高リスク地域からの鉱物の
　責任あるサプライチェーンのための
　デュー・ディリジェンス・ガイダンス
　………………………………………… 176

米国カリフォルニア州サプライチェーン透
　明法 ………………………………… 156

米国金融規制改革法 ………………… 176

米国財務省外国資産管理局 ………… 184

米国税関・国境警備局 ……………… 188

米国調達規則 ………………………… 178

米国ドッド・フランク法 …………… 176

ヘイトスピーチ ……………………… 46

法令・訴訟リスク …………………… 28

ま行

水へのアクセス ……………………… 24

ミャンマーの軍事政権と関わりのあるビジ

ネスに携わる企業等に係るリスクに関す

る勧告 ………………………………… 198

や行

輸出管理・人権イニシアチブ ………… 201

ら行

ラナプラザ崩壊事故 ………………… 2

レピュテーションリスク …………… 26

連邦調達規則 ………………………… 178

労働基準法 …………………………… 45

【著者略歴】

福原あゆみ（ふくはら・あゆみ）

長島・大野・常松法律事務所パートナー弁護士。京都大学法学部卒業。
法務省・検察庁での経験をバックグラウンドとして，企業の危機管理・争訟を主たる業務
分野としており，海外当局が関係するクロスボーダーの危機管理・不正調査案件の経験を
豊富に有している。人権デュー・ディリジェンスの取組みやサプライチェーンにおける人
権対応など，人権コンプライアンス（ビジネスと人権）の案件にも多数携わってきた。経
済産業省「サプライチェーンにおける人権尊重のためのガイドライン検討会」委員（2022
年），経済産業省「蓄電池のサステナビリティに関する研究会」委員（2022年～）。

基礎からわかる「ビジネスと人権」の法務

2023年4月20日　第1版第1刷発行

著　者　福　原　あ　ゆ　み
発行者　山　本　　　継
発行所　㈱中　央　経　済　社
発売元　㈱中央経済グループ
　　　　パ ブ リ ッ シ ン グ

〒101-0051　東京都千代田区神田神保町1-31-2
電話　03 (3293) 3371 (編集代表)
　　　03 (3293) 3381 (営業代表)
https://www.chuokeizai.co.jp
印刷／㈱堀内印刷所
製本／㈲井上製本所

© 2023
Printed in Japan

＊頁の「欠落」や「順序違い」などがありましたらお取り替えいた
しますので発売元までご送付ください。（送料小社負担）
ISBN978-4-502-45741-8　C3032